읽다 보면 저절로 알게 되는
신비한
감정 조절 사전

읽다 보면 저절로 알게 되는

글·그림 김지호

감정은 자전거를 멈출 때처럼
스스로 그만하기를 선택해야만 바꿀 수 있어.
너는 지금 어떤 감정을 선택하고 싶니?

작가의 말

감정이란, 현상이나 일에 대하여 일어나는 마음이나 느끼는 기분을 말해요. 이 감정은 우리가 원하든 원하지 않든 살아가는 동안 끊임없이 느끼게 될 거예요. 때로는 좋을 수도 있고, 때로는 나쁠 수도 있어요. 또 때로는 아무 감정도 느껴지지 않는 것처럼 느끼겠지만, 감정은 끊임없이 변화하고 있지요.

우리는 《읽다 보면 저절로 알게 되는 신비한 마음 사전》에서 다양한 감정들을 배우고 익혔어요. 이 감정들을 《읽다 보면 저절로 알게 되는 신비한 감정 조절 사전》에서 내가 느끼는 감정을 제대로 알고, 우리의 감정이 어떻게 움직이는지 그리고 그 감정들을 어떻게 조절하고, 마음을 보살펴 주기 위해서는 어떻게 해야 하는지 알아볼 거예요.

감정은 내 행동과 말이 되어 부정적인 나를 만들기도 하고, 긍정적인 나를 만들기도 해요. 부디 이 책을 읽고 있는 우리 어린이 친구들이 자신의 감정을 더 잘 알게 되어 내 감정을 선택하고 조절할 수 있는 멋진 나를 만들어 가길 바라요.

감정 캐릭터를 그리는 데 도움을 준 사랑하는 조카 김태연과 건강하게 자라는 김태인, 그리고 이 책을 보는 모든 친구들이 자신의 마음과 사이좋게 지내기를 바랍니다.

김지호

차 례

PART 1
내 마음 들여다보기

PART 2

내 마음 선택하기

PART 1

내 마음 들여다보기

01

마음속 두 명의 왕

우리 마음속 감정은 크게 긍정적인 감정과 부정적인 감정으로 나누어 볼 수 있어요. 보통은 감정을 느끼고 그냥 지나치기 쉬운데, 감정을 세분화하여 캐릭터로 표현하면 내 마음이 현재 어떤 상태인지 정확하고 구체적으로 알 수 있게 되지요. 떠오르는 캐릭터가 내 기분이에요.

우리 마음속에는 두 명의 왕이 살고 있대.
한 명은 긍정의 왕.
다른 한 명은 부정의 왕.
소심이의 긍정왕
핑크 하트 슬라임
소심이의 부정왕
대두 외계인
두 왕이 싸우면 누가 이길까?
음…, 힘이 센 왕이 이기겠지?
그럼 누가 더 힘이 센 왕일까?
그건… 모르겠어.
바로 네가 에너지를 주는 쪽 왕이야.
긍정적인 생각은 긍정왕에게 에너지를 주고!
부정적인 생각은 부정왕에게 에너지를 주거든!
얍!
호호호
마음 에너지
케케케

우리가 시험 본 게
지난주인데
아직도 우울하다면.
네 마음속에 있는
부정왕이
이기고 있는 거야.

부정왕이라….

그럼 긍정왕이 이기려면
어떻게 해야 해?

후후, 글쎄?
알려 줄까, 말까?

나도 그거
알고 싶어!
불쑥
으악!
깜짝이야!!
뭐야?

빨리 말해 줘.
나도 궁금하다고.
번쩍

후후, 좋아.
이 소심이 님이
알려 줄게.
으쓱
으쓱
우리는 한 번에
한 왕에게만
마음의 에너지를
줄 수 있어.
마음 에너지
마음 에너지

방법은 간단해.
긍정왕에게만
에너지를 주면 돼!
에너지

긍정왕에게 어떻게
에너지를 줄 수 있어?
반짝
반짝

글쎄,
그건 나도?

아이스크림을
먹으면 생각이
날 것 같은데.
아이스크림

알았어, 내가
아이스크림 산다.
가자!

신비한 마음 조절 프로젝트

두 명의 왕과 신하 그리기

우리 마음속에는 긍정왕과 부정왕, 두 명의 왕이 있어요. 그리고 그 왕들은 여러 명의 신하를 거느리고 있지요. 친구들 마음속에 있는 긍정왕과 부정왕 그리고 신하들을 그려 보세요.

소심이의 두 왕과 신하들

긍정왕

핑크 하트 슬라임

부정왕

대두 외계인

즐거움 담당

리듬이

만족스러움 담당

만이

분노 담당

불방망이

우울함 담당

울이

편안함 담당

쿠셔니

호기심 담당

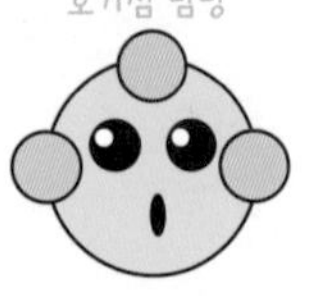

호미

게으름 담당

부기

싫어 담당

노노노노

친구들도 마음속 두 왕과 신하들을 그리면서 내 마음속엔 어떤 감정들이 자리 잡고 있는지 한번 살펴보세요.

긍정왕

부정왕

신하는 아이콘처럼 단순하게 그려 봐.

02

내 마음속엔 어떤 왕이 있을까?

오늘 하루 느꼈던 감정들을 돌이켜 보며 내가 언제, 어떤 일에 기뻐하고 슬퍼했는지 알아보는 과정이에요. 기간을 두고 감정을 기록하다 보면 어떤 패턴을 찾게 될 거예요. 예를 들면, 아침엔 항상 기분이 좋지 않다거나 무언가가 나의 기분을 좋게 하는 것처럼요. 이런 패턴을 알아 두면 내 마음을 다스리는 데 도움이 되지요.

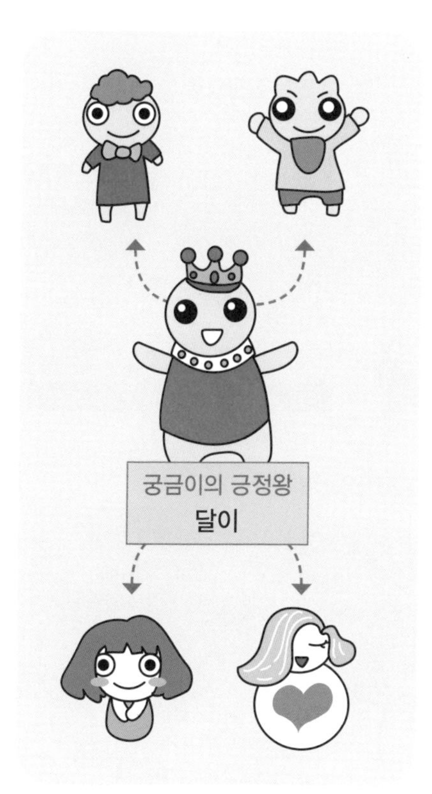
궁금이의 긍정왕
달이

궁금이의 부정왕
배미

헤, 감정이 한눈에 보이네.
반짝
반짝

앗! 기분이 또 좋아졌어.
팟

기록해야지.
오늘의 감정표
쓱
쓱

오늘의 감정표
12시
6시
6시
12시
흠, 참 많은 감정으로 변화하는군.
다른 애들은 어떨까?
다음 날
파란초등학교
얘들아, 안녕!
안녕! 궁금아.
오늘은 기분이 좋아 보이네.
응. 좋아!
I WIN
긍정왕이 이기고 있어.
근데 너희 감정표 작성해 봤어?
어제 해 봤는데, 마음의 변화를 볼 수 있어서 좋았어.

나는 색깔로 표현해 봤어. 정말 알록달록하지. 난 변덕쟁이였나 봐.
운동이 감정 노트
나는 적어 보기만 했는데, 나도 바비처럼 기분이 자주 바뀌더라.
감정이 자주… 바뀐다고?
넌 안 그래?
깜짝
내 감정표를 보여 줄게.
소미랑 싸웠을 때 빼고는 난 종일 즐거웠거든.
와, 진짜 신기하다. 종일 즐거웠다니.
우린 하루에도 수많은 감정을 느끼고, 사람마다 기분에도 차이가 많은 것 같아.

감정표 작성하기

아침에 눈을 떠서부터 지금까지 기억에 남는 일과 그때 내 마음에는 어떤 왕이 이기고 있었는지 적어 보세요. 며칠간 적어 보면 반복되는 감정의 패턴도 찾을 수 있어요.

하루를 돌아보며 떠오르는 몇 가지 일만 적어도 돼.

시간	있었던 일	마음속의 왕

바비와 친구들처럼 한눈에 볼 수 있게 동그라미 감정표에 자신이 그린 캐릭터나 색깔을 넣어서 감정을 표현해 보세요.

03

화는 낼수록 더 강해진다

화라는 감정은 원래 90초 정도만 지속된다고 해요. 이 시간이 지나고도 계속 화가 나는 건 내가 화라는 부정왕을 선택했기 때문이에요. 화는 나 자신과 주변에 부정적인 영향을 미쳐요. 자전거를 멈출 때처럼 화라는 감정도 스스로 그만하기를 선택해야 벗어날 수 있답니다.

으악, 소미가 또 내 스티커를 찢었어.
짜악

내가 진짜 아끼던 거였다고.
크아앙

화가 나서 소미한테 소리쳤다가 엄마께도 혼나고…. 너무해! 너무해!

그래서 2배로 화가 나!!
쾅
쾅

아끼던 거라 더 화가 났겠다.
그러게. 화낼 이유가 있네.

그치! 너무 화가 나! 어떻게 해야 할지 모르겠어!!

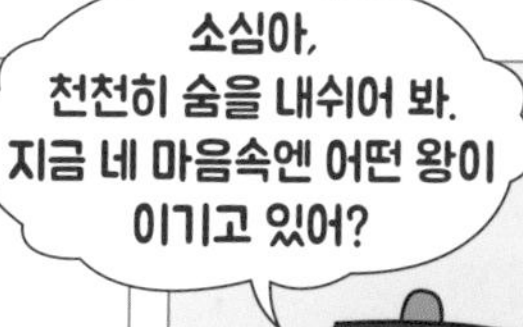

소심아, 천천히 숨을 내쉬어 봐. 지금 네 마음속엔 어떤 왕이 이기고 있어?

탁

으…, 불방망이야. 부정왕이 가득 찼다고.
으으

크하하,
더 화내라!
더! 더! 더!!!
으, 불방망이의
목소리가
들리는 것 같아.
생각할수록 더 화가 나!
멈춰지질 않아.

지금 화를
멈출 수 있는 건
너 자신뿐이야.
맞아,
계속 화를 내면
부정왕이 더 많은
에너지를 받아서
더 강해질 거라고.
으으…, 그래.
더는 부정왕에게
에너지를 주면 안 돼.
좋아,
소심이의
긍정왕에게
에너지를
주기 위해
내가
아이스크림을
살게!
휙
휙
와~~.
으….

아이스크림

음~~ 음~.

어때?
이제 기분이 좀
좋아 보이네.

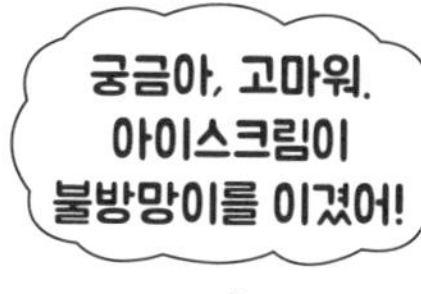
궁금아, 고마워.
아이스크림이
불방망이를 이겼어!

으악!
퍽

다행이다!!

감정이 조절되지
않을 때는 잠시 다른 일에
집중하면 좋은 것 같아.
인정! 달콤해!!

다시 긍정
소심이로 부활!!!
짜안

신비한 마음 조절 프로젝트

화를 가라앉히기

친구들은 화라는 감정을 어떨 때 느끼나요? 그리고 이 감정이 우리 마음속을 채우면 어떻게 말하고 행동하게 되는지 적어 보세요.

화내라, 화내!

난 이럴 때 화가 나!
화가 나면 이렇게 행동하게 돼!

화를 내면 그 순간에는 시원함이 느껴질 수 있지만, 갈수록 그 강도가 심해지는 경우가 많아요. 때문에 화라는 감정을 풀어 내는 자신만의 건강한 방법이 필요해요. 아래 방법을 보고 나에게 맞는 방법을 찾아보세요.

노래 부르기

큰 소리로 좋아하는 노래를 따라 부르거나 신나게 음악에 맞춰 춤을 춰요. 노래 한 곡이 끝나기도 전에 화가 풀릴 거예요. 악기를 연주하는 것도 좋은 방법이에요.

신체 활동하기

달리기나 격렬한 신체 활동으로 땀을 흠뻑 흘리면 스트레스와 함께 속상했던 마음도 풀리게 돼요. 자전거를 타고 신나게 달려 보는 것도 좋아요.

샤워하기

휴, 편안해졌어!

따뜻한 물로 샤워를 하면 긴장이 풀리며 마음이 편안해져요.
또 깊은 잠을 잘 수 있게 도와줘 에너지를 재충전할 수 있어요.

산책하기

화가 났던 장소를 벗어나 산책을 하거나 하늘을 감상하다 보면 자신도 모르게 스르륵 화가 풀려요. 자연은 마음을 평화롭게 만들어요.

04

잠들기 전 좋은 생각을 하자

잠을 자면서 우리는 피로를 풀고 감정을 정리하게 됩니다. 그러나 때때로 잠들기 전에 하는 행동과 생각, 느끼는 감정들이 다음 날 아침까지 이어져 영향을 미칠 때가 있어요. 눈을 뜨면서 느낀 이 감정이 그날 하루를 좌우하게 되지요. 때문에 잠들기 전에 의도적으로 편안하고 긍정적인 생각을 하려고 노력해야 해요.

너희는 아침에
기분이 어때?
음….
곰곰

나는 어떤 꿈을
꿨느냐에 따라서
아침 기분이 달라져.
z~
z~

나야 언제나
신나지~.
난 좀 졸리지만
씻으면 기분이
좋아져.
하하
비비적

지… 진짜?
쾅

추욱
그럼
왜 나만 기분이
안 좋은 거지?

자고 일어났는데
모두 느끼는 감정이
다르다고? 흠….

그러게.
신기하다!
끄덕
끄덕

아!! 혹시!!
번뜩

왜? 뭔가
알아낸 거야?

나도 가끔 악몽을 꾼
다음 날엔 괜히 힘들고
기분도 안 좋았거든.
끙끙

생각해 보니까
그런 날은 자기 전에
잔뜩 화가 난 불방망이
상태였어.

소미가
날 놀리거나
둘이 싸우다가
엄마께 혼이
났던 것 같아.
메롱~.

그러고 보니까 나도
그림이 잘 그려져서
기분 좋게 잠든 날은
아침에도 기분이
좋았던 것 같아.
바비가 그린
캐릭터

나는 자기 전에
내일은 어떤 운동을 할까?
생각하다 잠드는데.

궁금이, 넌 어때?

음… 난….
긁적
긁적

실수했거나
잘못한 일, 혼난 일을
생각하는 것 같아.

그럼 그것
때문이 아닐까?
우리 한번
실험해 보자.

실험? 어떻게?
잠들기 전에
일부러 기분 좋은
생각들을 하는 거야.

오, 그거 좋다.
한번 해 볼게~.
하하

좋은 아침 만들기

친구들은 아침에 일어났을 때 어떤 감정을 느끼나요? 하루를 시작하는 이 감정은 때때로 나의 하루를 즐겁게 만들기도 하고 엉망으로 만들어 버리기도 해요. 잠들기 전에 했던 생각과 아침에 느낀 감정을 적어 보고 그 연관성을 생각해 봐요.

	잠들기 전 생각	감정 색깔	일어날 때 기분	감정 색깔
월				
화				
수				
목				
금				
토				
일				

잠들기 전 좋은 생각이
좋은 꿈, 좋은 감정을 만든다!

아침 감정을 확인한 결과를 적어 보세요. 며칠 동안 긍정적이었고, 며칠 동안 부정적인 마음이 들었나요?

긍정적인 아침	부정적인 아침

아침이 즐거웠던 날, 잠들기 전 생각에는 어떤 것들이 있었나요? 또 어떤 생각이 기분 좋은 아침을 만들지 적어 보세요.

며칠 뒤 떠날 즐거운 체험 학습을 떠올리지.
얼마나 재미있을까? 두근두근해.

내가 좋아하는 친구를 생각해.
내일도 같이 놀자고 해야지!

긍정적인 생각이
좋은 아침을 만든다!

05

내 마음의 기본 법칙

지금 내 마음속에서는 긍정왕과 부정왕 중 누가 이기고 있나요? 어떤 일들이 긍정왕과 부정왕에게 힘을 주는지 알아보고, 부정적인 감정에서 긍정적인 감정으로 빠르게 바꾸는 방법을 찾아봐요.

선생님께서
세상 모든 일에는
다 법칙이 있다고
하셨지.
활
활
감정에도 법칙이
있을 거야.
부정왕을 이기는
법칙을 찾겠어.

다음 날 아침
해롱
해롱

으악!
궁금아, 얼굴이
왜 그래?
끄악

흐흐흐흐흐.

ㅋ
ㅋ
ㅋ
내가 드디어
찾아냈어.

뭐… 뭐야?
무서워.
주춤
주춤

찾았다고!
내 마음의
법칙을.

며칠간 관찰해 보니
내 마음은
부정왕이 더 세더라고.
POWER

그래서 별거 아닌 일에도
자주 짜증을 냈던 것 같아.
크앙

내 마음의
기본 법칙을 알았으니까,
긍정적으로 바뀌려고
훈련을 해야겠어.

오~, 멋지다!
훈련이라니!!

훈련?
팟

무슨 훈련?
아령? 달리기?

우리,
같이 할까?
운동아….

이건 그런 훈련이 아니라
마음속 긍정왕에게
힘을 주는 훈련이야.

아, 운동 이야기가
아니었구나.
하하

운동이 너는 운동을 하면
기분이 좋아서
긍정왕이 더 강해지지?

그런 것 같아.
나에겐 운동이 몸과 마음을
건강하게 하는 훈련이야.
아자

아자! 아자!
운동이의 긍정왕
고래고래

씩
그러니까 우리
같이 운동하자!!
어? 다들
어디로 갔지?
휘잉

신비한 마음 조절 프로젝트

긍정적으로 변하는 마음 훈련

이제 내 감정을 알아차릴 수 있게 되었어요. 내 마음의 기본 법칙을 찾고, 내 마음속 긍정왕이 어떨 때 힘을 얻고, 어떨 때 힘이 약해지는지 알아보세요.

핑크 하트 슬라임

소심이의 긍정왕이 힘을 얻을 때

- ★ 맛있는 아이스크림을 먹을 때
- ★ 희귀 스티커를 얻게 되었을 때
- ★ 좋아하는 친구들과 함께 있을 때
- ★ 선생님께 칭찬받았을 때
- ★ 함박눈이 내려서 눈사람을 만들 때

소심이의 부정왕이 힘을 얻을 때

- ★ 동생 소미가 스티커를 찢었을 때
- ★ 동생과 싸우다가 엄마께 혼났을 때
- ★ 친구들과 싸웠을 때
- ★ 냉장고에 넣어 놓은 간식이 없어졌을 때
- ★ 시험 성적이 안 좋을 때

대두 외계인

궁정왕은 친구들이 좋아하고 신나는 일을 할 때도 힘이 세지지만, 실패하더라도 새로운 것에 도전하고 노력하는 과정에서도 긍정의 힘을 얻게 되지요.

내 마음속 긍정왕이 힘을 얻을 때

내 마음속 부정왕이 힘을 얻을 때

06

잘못된 감정은 없다

우리가 느끼는 다양한 감정 중에는 부정적인 감정들도 많아요. 그런데 때때로 자신이 이런 부정적인 감정을 느끼는 것에 괴로워하거나 죄책감을 가질 수 있어요. 하지만 이런 부정적인 감정이 있어 내가 무엇을 불편하게 여기는지 알 수 있고, 어떤 점을 개선해야 할지 방향을 잡을 수도 있지요. 감정에 잘못된 감정은 없답니다.

그냥 다른
운동을 하면
되는데.
왜 그렇게
화가 났을까?
그래서 내 마음속에
부정적인 감정을
완전히 없애 버리기로
결심했어!!
짠!

와아~.
저게
가능할까?

혹시 너희는
방법을 알고 있니?
음….

게임은 재밌지만
지나치면 엄마한테
혼이 나고.
아자
뿅
뿅

아이스크림은
맛있지만 많이 먹으면
배탈이 나지.

응?
무슨 소린지
모르겠는데?
흠

좋은 일이 있으면
나쁜 일도 있고.
낮이 있으면
밤이 있는 것처럼.

운동아, 우리 마음속에도
긍정적인 감정과 부정적인 감정이
공존하는 건 당연한 거야.

선생님께서도
감정 자체가
나쁜 게 아니라.

감정대로
행동하는 걸
조심해야 한다고
하셨잖아.
빠직
빠직

맞아,
나도 생각났어.

그렇다면….
곰곰

그때 그렇게
짜증 나고 화가 났던 게
잘못은 아닌 거구나.
맞아.
감정은 자연스럽게
일어나는 거니까.

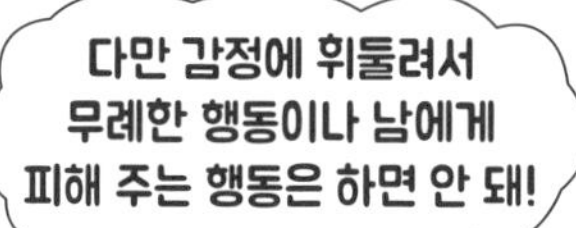

다만 감정에 휘둘려서 무례한 행동이나 남에게 피해 주는 행동은 하면 안 돼!

그리고 부정왕은 우리를 힘들게 하니까. 알아차리고 긍정왕에게 에너지를 줘야지.
마음 에너지
POWER UP

그렇게 마음을 다스리게 되는 거야.

이걸 모르고 계속 날씨를 탓하며 화만 낸다면….
씩씩
씩씩

부정왕이 더 강해진다! 맞지?
번쩍

정답!!

내 감정이 잘못된 게 아니라니 속이 시원하다.
이제 긍정왕에 집중하고 에너지를 줘야겠어!
상쾌

그런 의미로 우리 같이 운동하자!!!
깜짝
깜짝
으악!

운동이가 없애고 싶은 감정

친구들도 많은 감정들 중에 운동이처럼 이런 감정은 아예 없어져 버렸으면 좋겠다고 생각하는 감정이 있나요? 그 감정을 없애고 싶은 이유는 무엇인가요? 그리고 그 감정을 느꼈을 때 어떻게 그 감정에서 빠져나올 수 있었는지 적어 보세요.

원하는 것이 되지 않아 자꾸 화나고 짜증이 났어.

화를 내다보니 점점 부정왕으로 마음이 가득 찼어. 운동이는 부정적인 마음은 나쁜 것으로 자신이 잘못하고 있다고 생각했어.

친구들과 이야기를 나눈 후 운동이는 부정적인 감정도 당연히 느낄 수 있는 감정이라는 걸 알았고, 운동으로 이 감정에서 빠져나왔어.

우리가 느끼는 감정에는 잘못되거나 나쁜 것은 없어요. 감정은 나침반처럼 내 마음의 방향을 알려 주지요. 감정이라는 나침반을 잘 활용해 나에 대해 더 알아보도록 해요.

내 마음속 부정왕이 힘을 얻을 때

이 감정을 없애고 싶은 이유

이 감정에서 빠져나온 방법

07

감정이 행동이 되지 않게 하자

때때로 우리는 감정대로 행동해서 나중에 후회하는 경우가 많아요. 잘못된 감정은 없지만 잘못된 행동은 있기 때문이에요. 부정적인 감정을 느꼈을 때 그것을 있는 그대로 분출해 버리면 경솔한 행동으로 이어지고 자신뿐 아니라 가족이나 친구들 사이에 문제가 생기기도 한답니다.

뚜샤
뚜샤
뚜샤
누가 옆에 있으래!!
내 빵 물어내!

쟤들 또 싸우네.
에휴
에휴

바비의 부정왕
저주 인형
소심이의 부정왕
대두 외계인
둘 다 지금 마음속에 부정왕이 가득 차 있어.
투닥
투닥

내가 화낼 때는 몰랐는데 옆에서 보니까 저건 아닌 것 같아.

이젠 말려야겠지?
그래, 말리자.

얘들아, 그만해!!

흥!!
흥!!
휙
휙
얘들아!
너희 화는 낼수록
더 강해진다는 거,
기억하지?

어…,
기억하지.
당황
당황
그러면 이제
우리가 할 일은?
화를 멈추고
화해하는 거.
맞지?
씨익

아까는 내가
갑자기 소리쳐서
미안.
나도 화내서
미안해.
저번에 너희가 그랬잖아.
잘못된 감정은 없지만
행동은 조심해야 한다고.
화르르륵

아…
그랬었나?
긁적
긁적
어, 그리고 감정대로
행동하면 안 된다고
말했었지.
이번에도 감정대로
행동을 해서
싸움이 된 거잖아.
잘못된 감정은 없어도
잘못된 행동은
있는 거니까.
생각해 보니까
내가 먼저
잘못한 것 같아.
아니야.
나도 너무 감정대로
행동했어.
그림 찢은 것도
너무 후회된다.
흑
흑

맞아,
감정대로
행동하면
후회할 일이
많이 생기는 것
같아.
특히 부정왕이
이기고 있을 때는
말이야.
진짜 그런 것 같아.
앞으로는 조심
또 조심해야겠어.

감정을 행동으로 옮기지 않기

때때로 우리는 화가 나거나 욱하는 마음이 생겼을 때 하지 말아야 할 말과 행동을 하고 후회하는 경우가 많아요. 바비가 감정대로 행동하지 않았다면 어떻게 되었을지 생각해 봐요.

바비가 감정적으로 행동하지 않았다면

소심이는 빵을 떨어트리지 않았을 거고.

바비와 소심이가 싸울 일도 없었을 거야.

친구들도 감정적으로 행동하고 후회한 일이 있었나요? 과거로 돌아가서 다시 그 일을 겪게 된다면 그때는 어떻게 행동하고 싶은가요?

만화 형태로 그려 봐!

1 2

3 4

08

말과 행동에 마음이 담긴다

말과 행동은 우리 마음과 연결되어 있어요. 그래서 마음이 어떤가에 따라 우리의 말과 행동이 바뀌게 되지요. 반대로 어떤 말을 하고, 어떻게 행동을 하느냐가 우리의 마음 상태에 영향을 주기도 하지요. 그래서 긍정적인 말과 행동으로 긍정적인 감정을 갖도록 노력해야 해요.

헉! 배고프다고?
깜짝
말도 안 돼!!
우리 방금 먹고 나왔는데?
깜짝
와아~,
소심이 대단하다.

아, 아니야.
나 배 안 고파.
진짜야!
당황
휙
휙

배도 안 고픈데,
왜 그런 말을 했어?
이상한데….
갸웃
갸웃

나도 모르겠어.
그냥 입버릇처럼
그런 말이 나왔어.
흠
하긴,
습관처럼 나오는
말버릇이 있지.

음….
곰곰
곰곰

나는 '재밌겠다'라는
말이랑 '귀찮다'는 말을
자주 하는 것 같아.

너, '나는 천재인가?'라는
자기 자랑도 많이 해!
몰랐어?
척

앗, 내가 그렇게
내 자랑을 많이 했었나?
쓱스

나는 무슨 말을
자주 했었지?

정답!
짜증 나!
탁

'왜?, 어째서?'
라는 말도
많이 하는 것 같아.
음음

왜 다 그런
말만 있냐?
좋은 말은!!
좋은 말은 없어?
헉

글쎄,
뭐가 있더라?
없는 것 같은데….

시무룩
흑흑, 내가 좋은 말을 하나도 안 하다니.

농담이야. 너는 '좋아, 최고다' 같은 말들을 많이 해.
'신기하다'라는 말도!

나는 어떤 말을 많이 하는 것 같아?
궁금

음… 운동이는….
곰곰

음….
곰곰

나는?
기대
기대

'운동하자'라는 말을 제일 많이 하지!

신비한 마음 조절 프로젝트

자주하는 말 찾기

평소 친구들이 자주 하는 말이 무엇인지 적어 보세요. 그리고 부모님과 친구들에게도 내가 어떤 말을 자주 하는지 물어보세요. 내가 생각하는 말과 부모님, 친구들이 생각하는 말이 다를 수 있어요.

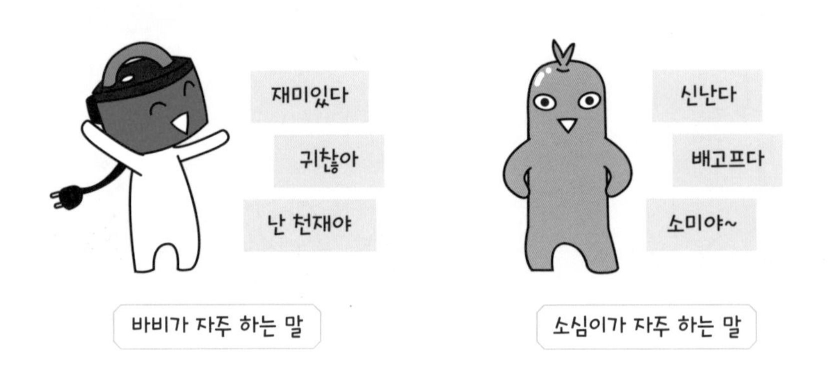

내가 생각하는 자주 하는 말

★ 자주 하는 긍정적인 말

★ 자주 하는 부정적인 말

다른 사람이 생각하는 내가 자주 하는 말

★ 친구(부모님)가 말해 준 내가 자주 하는 긍정적인 말

★ 친구(부모님)가 말해 준 내가 자주 하는 부정적인 말

09

비교는 나 자신과 하자

우리는 무의식적으로 끊임없이 나와 주변을 비교하게 됩니다. 이런 비교는 나를 부족한 사람으로 만들어 마음속에 부정적인 감정을 만들게 되지요. 그래서 비교하지 않는 것이 가장 좋지만, 만약 하게 된다면 다른 사람이 아닌 어제의 나와 지금의 자신을 비교하면서, 내가 더 성장할 수 있는 기회로 만들어야 해요.

끄악
운동아,
왜 그래?
무슨 일이야?
깜짝

우울해.

내 달리기 기록이
너무 낮아.
쭈글
쭈글

나도 1등 하고
싶다고!
짠
1
2
3

아, 그 마음
나도 알아.
끄덕
끄덕

나도 그림 잘 그리는
사람들 보면
막 비교하게 되거든.

그럴 땐 마음이
정말 힘들어.

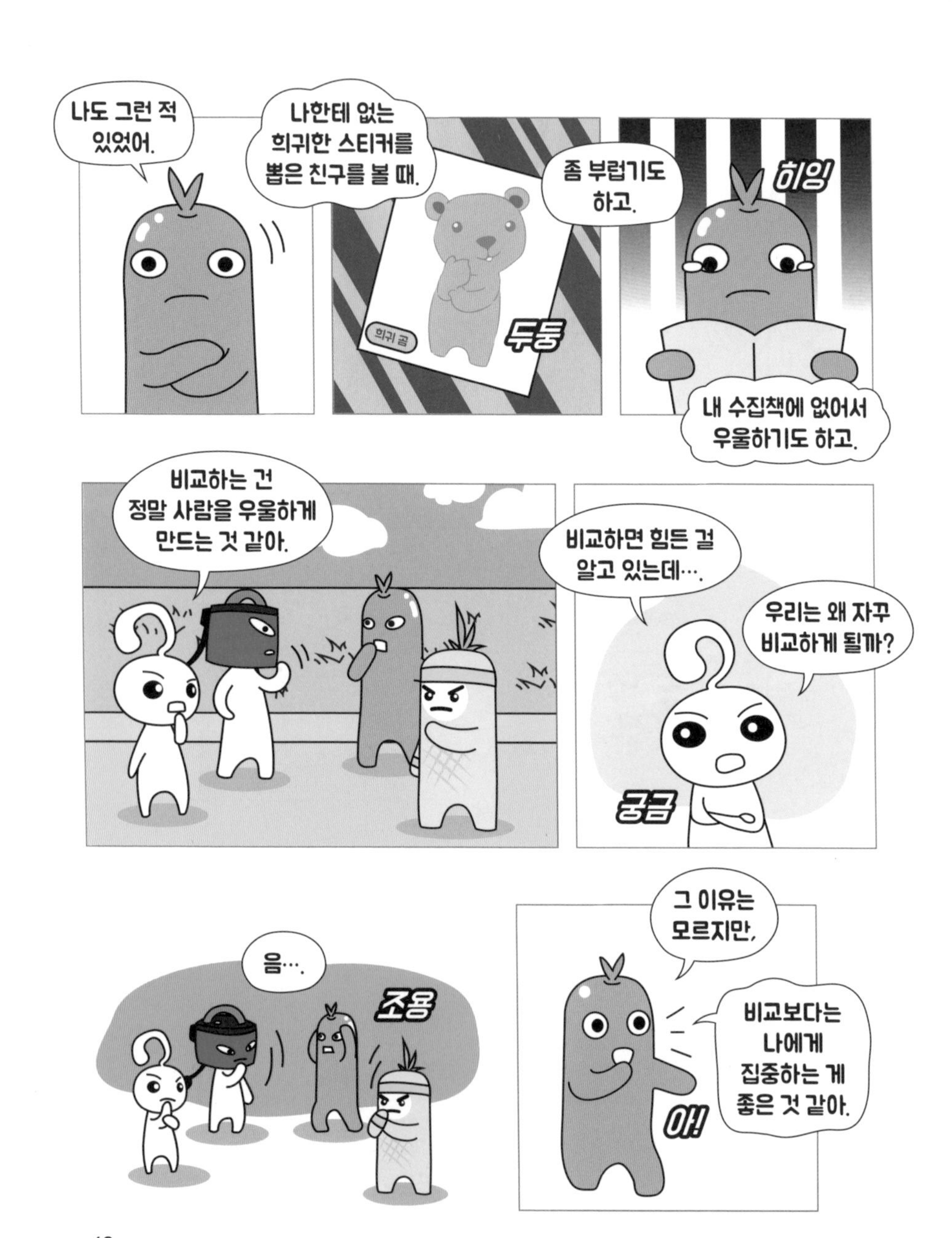
나도 그런 적 있었어.
나한테 없는 희귀한 스티커를 뽑은 친구를 볼 때,
희귀 곰
두둥
좀 부럽기도 하고,
히잉
내 수집책에 없어서 우울하기도 하고.
비교하는 건 정말 사람을 우울하게 만드는 것 같아.
비교하면 힘든 걸 알고 있는데….
우리는 왜 자꾸 비교하게 될까?
궁금
음….
조용
그 이유는 모르지만,
비교보다는 나에게 집중하는 게 좋은 것 같아.
아!

나에게
집중한다고?
척
달리기 기록을
예를 들면….
VS
누군지도 모르는
사람의 기록과
내 기록을
비교하지 말고

어제의 나와 오늘의 나를
비교하는 거지.
어제의 나
8초 15
오늘의 나
8초 9

어제의 나와
비교하면 우울해질
일이 없겠네!
와~

이게 모이면
나의 성장 기록이
되는 거야~~.
아자

성장 기록?
그거 좋다!
다시 의욕이
샘솟는다!
쿠오오오오

좋은
생각이야!
남이 아닌
나와 비교하고
성장해 보자고!

나 자신과 비교하기

친구들은 다른 사람과 나를 비교해 본 적이 있나요? 다른 사람과 나를 비교할 때와 나 자신과 나를 비교할 때가 어떻게 다른지 생각해 봐요.

나의 성장 기록

어제의 나와 오늘의 나를 비교해 보며 성장 기록을 만들고 싶은 분야는 무엇인가요? 무엇을 어떻게 비교할지, 목표가 무엇인지 적어 보세요.

성장 기록을 만들고 싶은 분야

이루고 싶은 목표

성장한 나의 모습

1단계

2단계

3단계

10

나를 인정하자

우리에게는 다양한 모습이 있어요. 그런데 많은 사람들이 자신의 장점보다는 단점에 집중하는 경우가 많아요. 자신의 부족하고 싶은 모습에 집중하다 보니 긍정적인 마음보다는 부정적인 마음이 더 커지게 되지요. 지금부터는 나의 좋은 모습, 장점에 집중해 보세요. 나를 인정하는 과정에서 나를 더 좋아하게 될 거예요.

아… 아니야!
괜찮아. 잘생겨지고
싶지 않아.
휙
휙
옛날의 아픔이
떠오른다.

나 친구들
만나러 간다!
쾅
치, 멋지게
화장해 줄 건데.

한숨
에휴~.
한숨

어?

나도 잘생겼으면.
너무 부러워….
추욱

오늘 또
늦잠 자서
혼났어.
에휴
아침잠 없는 애들,
너무 부럽다.

그런 고민
이제는 그만!
왁, 깜짝이야!
아이쿠!
깜짝
깜짝
궁금이구나.
넌 다른 사람이
부러웠던 적 없어?
긁적
뭐, 나도
있기는 한데.
탁
우리 저번에
비교하지 말자고
했던 거 기억하지?
맞다. 비교는
좋지 않아.
나도 모르게 또
비교하고 있었네.
아차
비교는 나 자신과!
지금의 내 모습을
인정하자.
내 모습을
인정한다고?
그러려면
나를 인정해 줘야
하거든.
행복하려면
나 자신과 사이가
좋아야 하는데.
파앗

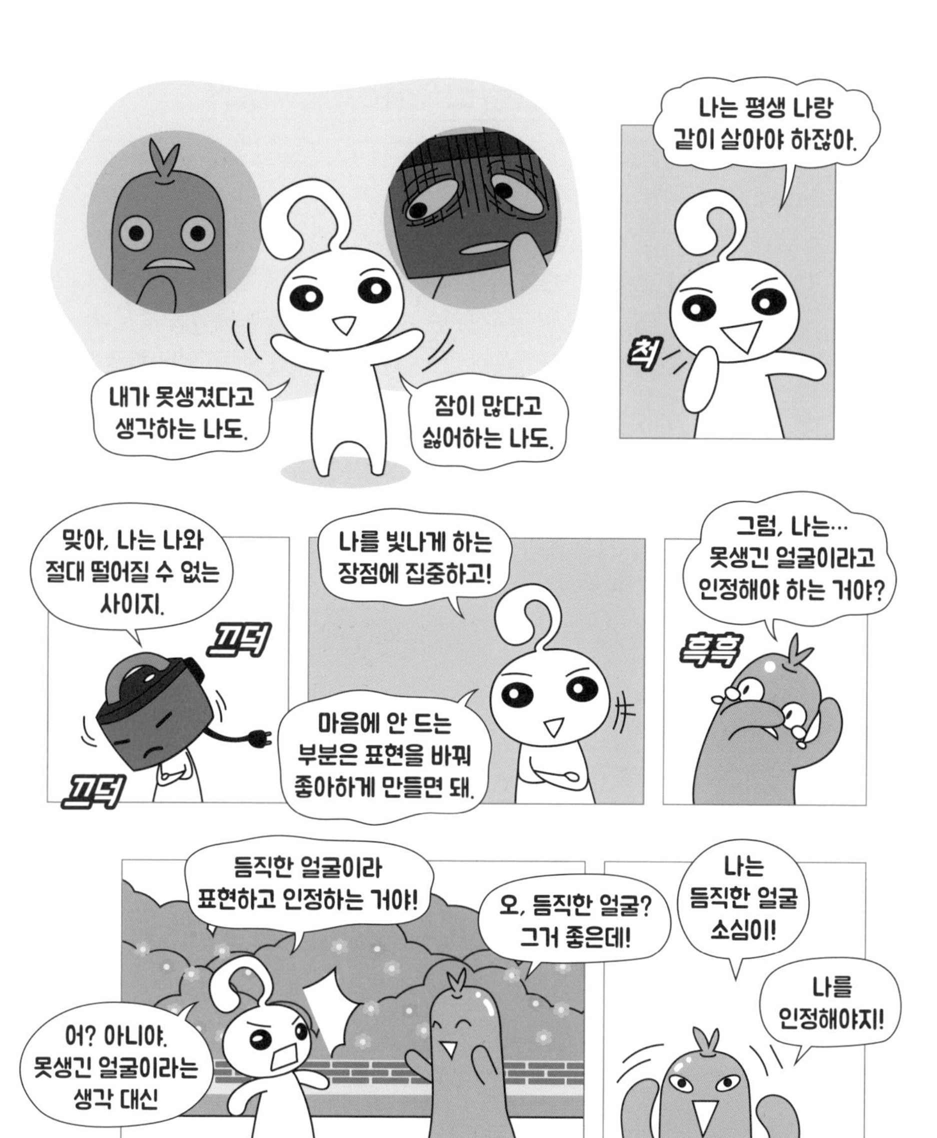
내가 못생겼다고
생각하는 나도.
잠이 많다고
싫어하는 나도.
나는 평생 나랑
같이 살아야 하잖아.
척
맞아, 나는 나와
절대 떨어질 수 없는
사이지.
끄덕
끄덕
나를 빛나게 하는
장점에 집중하고!
마음에 안 드는
부분은 표현을 바꿔
좋아하게 만들면 돼.
그럼, 나는…
못생긴 얼굴이라고
인정해야 하는 거야?
흑흑
듬직한 얼굴이라
표현하고 인정하는 거야!
어? 아니야.
못생긴 얼굴이라는
생각 대신!
오, 듬직한 얼굴?
그거 좋은데!
나는
듬직한 얼굴
소심이!
나를
인정해야지!
아자

나를 인정하기

친구들은 나 자신을 얼마만큼 좋아하나요? 또 나 자신과 얼마나 친하다고 생각하나요? 우리는 내가 좋아하고 친한 사람들과 있을 때 즐겁고 행복한 시간을 보낼 수 있어요. 나 자신과 친하다면 혼자 있는 시간에도 즐거움과 행복을 찾을 수 있지요. 고칠 수 있는 것이라면 바꾸고 바꿀 수 없는 것이라면 긍정적인 표현으로 바꿔 좋아하게 만들어요.

나를 좋아하는 만큼 점수를 색칠해요

왜 나에게 이 점수를 주었나요?

나의 장점

작은 것도 좋으니
나의 장점을 최대한
많이 적어 봐.

나의 단점

단점을 긍정적으로 표현해 봐요

11

나쁜 말을 하면 내가 먼저 듣는다

화가 나서 나쁜 말을 하면, 그 말을 가장 먼저 듣게 되는 것이 바로 나 자신이에요. 앞에서 말과 마음은 연결되어 있다고 했어요. 화가 나더라도 나쁜 말은 자제해요. 다른 사람들이 듣지 않는 혼잣말이라도 나쁜 말은 하지 않는 것이 좋아요.

깜짝 놀랐잖아!!
누가 그렇게
갑자기 들어오래!
활활
활활
사… 살려 줘.

아… 아니 난
놀라운 발견을 해서
알려 주려고 했지.
주춤
주춤

미… 미안!!
나가!!!
휙
쾅

소미 바보!
멍청이!!!
나의 위대한
발견을….
크앙

앗! 또 안 좋은
말을 하고 있었네.
아차

놀라운 발견은
내일 친구들에게
이야기해 줘야겠다.
하하하

다음 날
짜잔
얘들아, 내가 어제 큰 발견을 했어!
발견? 어떤 발견?
궁금하다. 빨리 말해 봐.

왜 나쁜 말을 하면 안 되는지를 알아냈어!
빠밤
오, 진짜? 뭔데, 뭔데?
반짝
반짝
후후후, 궁금하지?
으쓱
으쓱

왜냐면 내가 나쁜 말을 할 때
내 귀
두둥
가장 먼저 듣는 사람이 바로 나이기 때문이야!

내가 먼저 듣는다고?
궁금

어제 내가 이를 닦으면서 나쁜 말을 했었는데.
거울에 있는 나하고 눈이 딱 마주쳤거든.

그때 알았지. 아, 나쁜 말은 내가 나한테 하는 것과 같구나.
파앗

와, 진짜 그렇네.
인정!
끄덕
끄덕

그럼 혼잣말도 좋은 말을 하는 게 좋겠다.

와, 멋지다! 이런 발견을 하다니.
짝짝

대단한 발견이야!
짝짝
짝짝

헤헤헤, 쑥스럽다.
발그레

긍정적으로 말하기

내가 하는 말이 중요한 이유 중 하나는 그 말을 내가 가장 먼저 듣는 사람이기 때문이에요. 그래서 혼잣말이라도 나쁜 말은 나에게 부정적인 감정을 만들고, 좋은 말은 긍정적인 감정을 만들게 되지요. 말뿐 아니라 생각도 같은 결과를 가져온다니 좋은 생각을 하려고 노력해요.

긍정적인 말

- 근사하다
- 기쁘다
- 다행스럽다
- 든든하다
- 따뜻하다
- 만족하다
- 뿌듯하다
- 씩씩하다

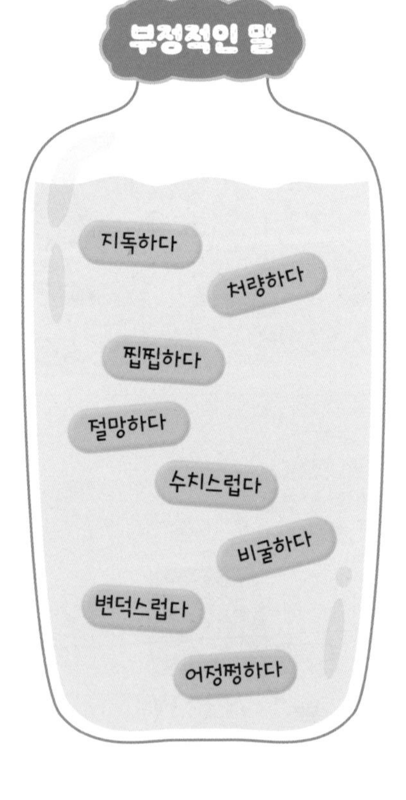

아래 상황에서 놀란 소미가 어떤 말을 했느냐에 따라 소심이의 행동도 전혀 다르게 보여졌어요. 소미가 어떻게 말을 했을까요?

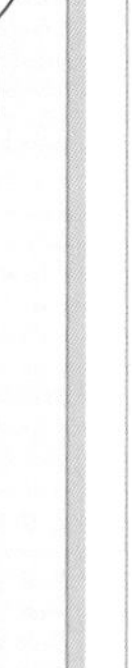

밝게 웃는 소심이

12

현재를 느끼고 집중하자

우리는 많은 고민과 걱정을 안고 있어요. 그런데 그 대부분이 이미 지나간 과거에 대한 후회나 아직 일어나지 않은 미래에 대한 걱정이라고 해요. 이런 고민과 걱정에서 벗어나 지금 내가 살고 있는 현재에 집중하며 주변에서 느낄 수 있는 소소한 즐거움이나 행복들을 느껴 봐요.

거기 서!!
너 잡히기만
해 봐라!!!
다다다다

헹~,
잡을 수 있으면
잡아 보시든지.
빼앵
빼앵

잠시 후

다 녹아 버린
아이스크림
헉
헉

그… 그만…
그만하자.
용서해 줄게.
헉
헉

헉, 헉.
그래, 고마워.
헉
헉

너,
왜 그랬냐?
어때?
좀 괜찮아졌지?
헉
헉
헉
헉

어? 뭐가
괜찮아져?
아까 다음 주
시험이 걱정이라며.
긁적
긁적
후후

아, 그러네!!!
아예 잊고 있었어.
깜짝

이것이 바로 현재에
집중하는 거야.
탁

오! 현재에
집중한다.
감탄

내가 아이스크림을
빼앗아 먹으니까 현재에
집중하게 된 거야.

시험에 대한
걱정을 잊고 말이지.
우리는 아직
일어나지 않은 미래나
지난 과거 때문에
아까 너처럼
쓸모없는 걱정을
많이 한다고 해.
시무룩

그럴 땐 그 맛있는
아이스크림도
맛없게 느껴지지!
짜잔

오호라!
아이스크림을
맛있게 먹으려면
현재에
집중하라는 거네!
탁

고마워, 소심아.
덕분에 기분이
좋아졌어.
헤헤,
다행이다.

좋아!
보답으로 내가 다시
아이스크림 쏜다!
아자

아싸,
신난다!!
하하
하하

하지만 한 번 더
내 아이스크림을
뺏어 먹으면….
아, 알았어.
미안.
후회할 일이
생길지도 몰라.
턱

후후, 또 뺏어
먹어야지~.

현재 상황에 집중하기

지난 과거 때문에 마음이 아프거나 힘들었던 적이 있었나요? 아니면 궁금이처럼 아직 일어나지 않은 미래 때문에 걱정되고 고민인가요? 과거와 미래의 일은 잠시 잊고 현재에 집중해 봐요.

과거나 미래 때문에 현재를 놓치지 않을 거야.

과거

후회

원망

현재에 집중하기

걱정

두려움

미래

공부할 때에는 공부에만, 밥을 먹을 때에는 밥에만, 놀 때에는 노는 것에만. 지금 무엇을 하든 현재에 집중하는 노력을 해 보세요. 지금 하는 일에서 더 많은 것을 느낄 수 있을 거예요.

요즘 집중하고 있는 일을 한 가지 골라 오감을 집중하는 연습을 해 보세요.

13

감정을 표현하자

내 감정을 알고 그것을 건전한 방식으로 표현하는 법을 배워요. 내가 감정을 표현하는 방식이 주변 사람들에게 어떻게 받아들여지는지, 또 관계에 어떤 영향을 미치는지를 보며 감정을 잘 표현하는 법을 배울 수 있답니다.

화가 난다!
퍽
퍽
퍽

왁! 왁!
쾅
쾅

화났을 때도
달리는 운동이
씩
씩

자, 기쁜 감정과
화나는 감정을 표현할 때
차이가 뭘까?

좋은 감정은 표현할 때도
흥분되고 신나요.
와아~

그래서 옆에서
보는 저희도 같이
신나져요.
맞아, 맞아.
나도 그랬어.
끄덕
끄덕

그럼 화나는
감정을 표현할 때는
어땠니?
빠직

음….
화내는 모습을 보니
기분이 안 좋았어요.
흠
막 벽을 치니까
주먹도 아프고
후회되었어요.
아파
그냥 좀…
무서웠어요.
휴
저는
화가 나서
달릴 때는
주변 사람들이
잘 안 보이는 것
같아요.
그래, 다들
좋은 의견이구나.
우리 감정에는
전염성이 있단다.
좋은 감정은
주변 사람들에게도
긍정적인 에너지를
전달해 주지.
마음 에너지
POWER UP
그런데
화나는 감정은
마치 불과 같아서
나에게도,
주변 사람에게도
상처를 입힌단다.
크아앙

그래서
화나는 감정을
잘 다스리고
표현하는 방법을
배워야 하는 거야.
좋은 감정은 같이 나누고,
화나는 감정이 우리를
다치게 하지 않도록 말이지.
그냥 화나는 감정을
표현하지 않으면
되는 거 아닌가요?
번쩍
그렇게
생각할 수도
있지.
하하
하지만
표현되지 못한
부정적인 감정은
마음속에 계속
쌓이게 되고,
마음 그릇
부정적인 감정
결국
독이 되어
우리 마음을
괴롭고 아프게
한단다.
이제 왜 감정을
표현하는 방법을
배워야 하는지 알겠니?

제대로 감정 표현하기

우리는 다양한 감정을 느끼면서 살아가요. 그 감정들은 쌓이면서 힘이 되기도 하고 때로는 마음을 아프게 하는 독이 되기도 해요. 힘이 되는 감정은 더욱 키우고 마음을 아프게 하는 감정은 건강하게 표현해서 풀어내는 것이 중요한 일이에요. 나는 부정적인 감정들을 어떻게 표현하고 있나요?

긍정적인 감정

★ 나는 이렇게 표현해요.

부정적인 감정

★ 나는 이렇게 표현해요.

지난주에 느꼈던 감정을 감정 그래프에 담아 보고, 이번 주에는 어떤 감정들을 느끼게 될지 예상 감정 그래프도 그려 보세요.

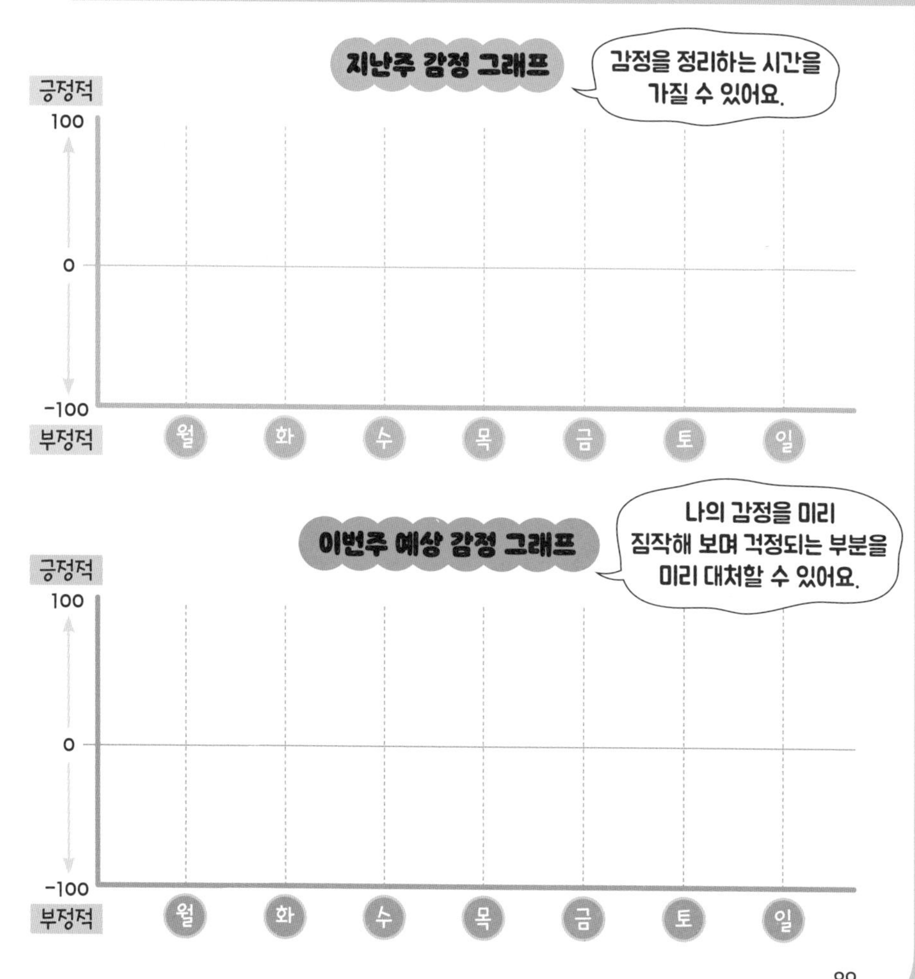

PART 2

내 마음 선택하기

14

감정을 글로 적어 보자

우리 뇌는 크게 감정적인 부분과 이성적인 부분으로 나누어져 있어요. 하지만 이 두 부분은 동시에 작동하지 못하기 때문에 감정이 앞서면 이성적으로 생각할 수 없게 되지요. 그래서 부정적인 감정을 직접 써 보며 실제 있었던 일과 느낀 감정으로 구분하는 과정을 통해 객관적으로 보며 감정을 가라앉힐 수 있어요.

왜! 이런 곳에
돌멩이가 있는 거야!!
크아앙
혼자라서 다행이다.
친구들이 봤다면
아마 엄청 놀렸을 거야.
뭐야?
몸 개그?
풉
큭
비밀로 해야지.
아! 궁금이가
이럴 때 화가 풀리는
방법을 알려 줬었는데….
음….
그날 밤
생각났다!
생각났어!!
아하
글로 실제 사건과
내 감정을 구분해서
적어 보라고 했어.
쓱
길을 가다가 돌에 걸려
넘어져서 너무 짜증이 났다.
무릎이 많이 까져서 피도 났다.
얼마나 아픈지
눈물이 날 정도였다.
쓱
쓱
으~~, 다시 생각해도
너무 화가 나네!!!
크아앙

다음 날
파란초등학교

얘들아,
이것 좀 봐 줘.
짠

헤헤.
어?
그게 뭐야?
뭘 쓴 거야?
아하
아, 그거네!
감정을 글로 적는 거.
와, 소심이가
감정을 적었다고?
같이 한번 보자.

길을 가다가 돌에 걸려… 눈물이 날 정도였다.
왜 저 돌멩이가 이런 곳에 있는지 너무 밉고…
… 세게 넘어져서 더 아픈 것 같아서 또 화가….

하하하하하!
하하하하하!

아차차!!
팟
돌멩이 차려다가
또 넘어진 건
숨기려고 했었는데!!
헛발질~~,
이렇게 하는 건가?
허우적
허우적

넘어지는 건 이렇게?
이거 맞아?
철푸덕
아유,
아팠겠다.
하하
아, 모르게
하려 했는데
깜빡했다.
창피
창피

지금 내 마음은
창피한 상태야.
오호~.
창피하다고?

우리 그 감정도
글로 써 보자!

신비한 마음 조절 프로젝트

사실과 감정 구분하기

돌멩이 조심!

최근에 부정적인 감정이 들었던 일이 있었나요? 그때를 떠올리며 실제 일어났던 사건과 느낀 감정으로 나누어 보세요.

길을 가다가 돌에 걸려 넘어져서 너무 짜증이 났다. 무릎이 많이 까져서 피도 났다. 얼마나 아픈지 눈물이 날 정도였다. 왜 저 돌멩이가 이런 곳에 있는지 너무 밉고, 화가 났다. 돌멩이에 화풀이하려고 발로 걷어찼는데 그만 헛발질을 해서 다시 넘어졌다. 헛발질로 넘어진 것도 창피하고, 세게 넘어져서 더 아픈 것 같아서 또 화가 났다. 그래서 소리를 지르면서 데굴데굴 굴렀다.

실제 일어났던 일

- 길을 가다가 돌에 걸려 넘어졌다.
- 무릎이 많이 까져서 피도 났다.
- 돌멩이를 발로 걷어찼는데 그만 헛발질을 해서 다시 넘어졌다.
- 소리를 지르면서 데굴데굴 굴렀다.

느낀 감정

- 넘어져서 너무 짜증이 났다.
- 얼마나 아픈지 눈물이 날 정도였다.
- 돌멩이가 너무 밉고, 화가 났다.
- 헛발질로 넘어진 것도 창피하고, 넘어져서 더 아픈 것 같아서 또 화가 났다.

부정적인 감정에서
빠져나오는 데 도움이 될 거야.

부정적인 감정을 이렇게 글로 적고 사실과 감정을 구분해 보는 연습은 뇌가 이성적으로 활동하며 내 마음을 좀 더 자세히 살펴볼 수 있어요.

실제 일어났던 일

느낀 감정

15

기분 전환을 위한 방법을 찾자

부정적인 감정은 그 자체로 잘못된 것이 아니며, 잘 이겨냈을 때 우리 마음을 더욱 단단하게 만들어요. 그래서 부정적인 감정을 기분 좋게 바꿀 수 있는 작고 사소한 일들을 많이 찾아 놓으면 좋아요. 우울할 때, 화가 날 때, 짜증날 때처럼 상황마다 효과가 있는 다양한 방법들을 찾아보세요.

나 궁금한 게 있는데.
너희들은 어떨 때
기분이 좋아?
궁금

당연히
희귀한 스티커를
얻게 되었을 때지!!
그때가 최고로
기분 좋아.
양파맨
짠

또 축구에서
상대방을 제치고
앞서 달릴 때도
기분이 좋더라.
촤악

힝, 내가
달리기하자면
도망가더니….
추욱

그, 그게 아니라….
아! 바비야, 넌 어떨 때
기분이 좋아져?
당황
당황

나는 멋진 그림을
그렸을 때 기분이 좋아.
아자
뿌듯하기도 하고,
성취감도 있고.

바비 그림

맞아,
바비는 그림을 정말
잘 그리지~.
정말 기분
좋은 일이겠다.

궁금아,
너는 어때?
나?

생각을
안 해 봤는데.
잠깐만….
곰곰

난! 우주 다큐멘터리
볼 때 기분이 좋아.
재밌고 신기하거든.

달 MART
또… 엄마랑
달마트에 가는 것도
기분 좋아지고.
그리고… 음….
또 뭐가 있지?
잘 생각이 안 나네.
흠

나도 그래.
몇 가지 생각하니까
더 생각이 안 나.
이상해~.

내 마음인데,
나도 잘 모르는 게
많은 것 같아.
갸웃

그럼 우리 좀 더
생각해 보고
서로 알려 주자.

그거 좋다!
찬성!!
척

곰곰
음….
곰곰

달리기 기록이 빨라지는 것도 기분이 좋아.
00:08

아, 뭔가를 나누는 것도 기분 좋은 것 같아.
두둥
저번에 스티커를 나눠 줬을 때도 기분이 좋더라고.

난 운동은 별로 안 좋아하지만.
함께 달렸던 마라톤은 정말 좋았어.
하
하
척
친구들이랑 뭔가 같이 하는 것도 기분 좋아지는 일 같아.

신비한 마음 조절 프로젝트

좋은 기분으로 전환하기

친구들이 좋아하고, 기분이 좋아지게 만드는 것들은 어떤 것들이 있나요? 작고 사소한 것들도 좋으니 내가 좋아하는 것과 기분을 좋게 만드는 것들에 대해서 적어 보세요.

★ 기분이 좋아지게 만드는 일들을 최대한 많이 찾아 적어 보세요.

기분이 좋아지는 일은
그림 그리기, 친구들이랑 놀기,
아이스크림 먹기,
멋진 그림 감상하기, 만화 보기,
산책하기 같은 일들이야.

★ 위에서 찾은 기분 좋아지는 일들을 어떤 때 하면 좋을지 나누어 보세요.

우울할 때	화가 날 때	불안할 때

16

감정을 선택하자

감정은 자연스럽게 생기는 것이지 선택하는 것이 아니라고 생각할 거예요. 그러나 사실 우리에게는 감정을 선택할 수 있는 힘이 있어요. 단지 그것을 알지 못해서 발휘하지 못할 뿐이지요. 감정을 선택하기 위해서는 부정적인 감정이 들 때 다른 감정으로 바꾸기 위한 긍정적인 생각을 끌어내는 훈련이 필요해요.

힝,
내 아이스크림.
파닥
파닥
울먹
울먹
이러다 울겠네.
앗
자, 잠깐!
진정해, 소심아.
너, 아까
아이스크림
선택할 때
기억나?
우리 그때처럼
감정을 선택해
보는 건 어떨까?
척
감정 MENU
감정을…
선택한다고?
흑흑
그래, 지금
아이스크림을
떨어트려서
속상하다는 감정이
자연스럽게 들었을 거야.
으허허헝
이럴 때
다른 감정으로
바꾸는 연습이야.
감정 메뉴 중
어떤 감정으로
바꿔 볼래?

네 손엔
아직 아이스크림이
2개나 남았다는 걸
기억해.
2개
어때? 새로운 감정을
선택할 수 있겠어?
흠, 감정을
선택한다….
처음이라
좀 어렵겠지만,
경험이 쌓이면
점점 쉬워질 거야.
짠
음…. 재밌을 것
같기는 한데.
고민
고민
어떤 감정을
선택할래?
좋아, 다시
새로운 감정을
생각해 보자.
반짝
반짝
난 '즐거움'을
선택하겠어!
즐겁게!
아직 내가 제일
좋아하는 오렌지맛
아이스크림이
남았거든.
이 부분
그 맛을 생각하니
너무 기대되고 즐거워.
헤헤

어? 정말 내가
선택한 기분으로
바뀌었어.
정말? 대단한걸.
와
아자

소심이가 울까 봐
그냥 해 본 말인데,
진짜 되다니….
신기

네 덕분에 정말
새로운 발견을 했어!
파앗
감정을 선택하는 게
가능한 일이라니.
감정도
아이스크림 같구나.
그건
무슨 소리야?

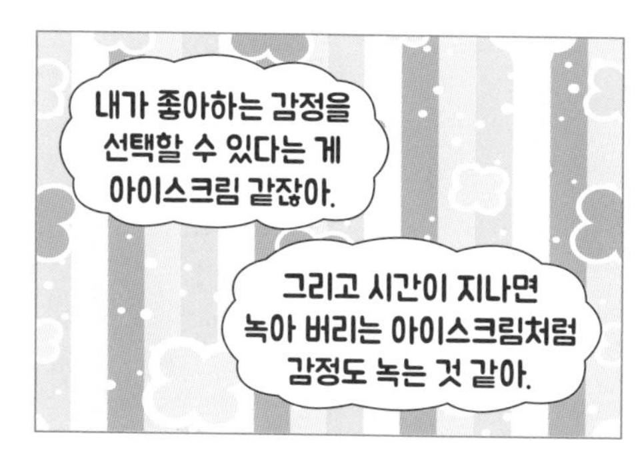
내가 좋아하는 감정을
선택할 수 있다는 게
아이스크림 같잖아.
그리고 시간이 지나면
녹아 버리는 아이스크림처럼
감정도 녹는 것 같아.

와~, 정말
멋진 표현이다!
짝
짝
짝

신비한 마음 조절 프로젝트

감정 선택하기

잠들기 전에 어떤 생각을 하느냐에 따라 다음 날 기분이 달라진다고 했던 말을 기억하나요? 하지만 때로는 자기 전에 했던 생각과 아침 기분이 전혀 다른 날도 있을 거예요. 하루를 시작하는 아침을 기분 좋게 시작하기 위한 좋은 감정을 선택하는 연습을 해 보세요.

★ 아침 기분으로 어떤 것이 좋을까요?

★ 이 감정을 느끼기 위해서 나는 무엇을 떠올리면 좋을까요?

좋아하는 사람이나 물건을 떠올려도 좋아요.

부정적인 감정을 긍정적인 감정으로 바꾸려면 어떤 상상을 하면 좋을지 생각해 보세요.

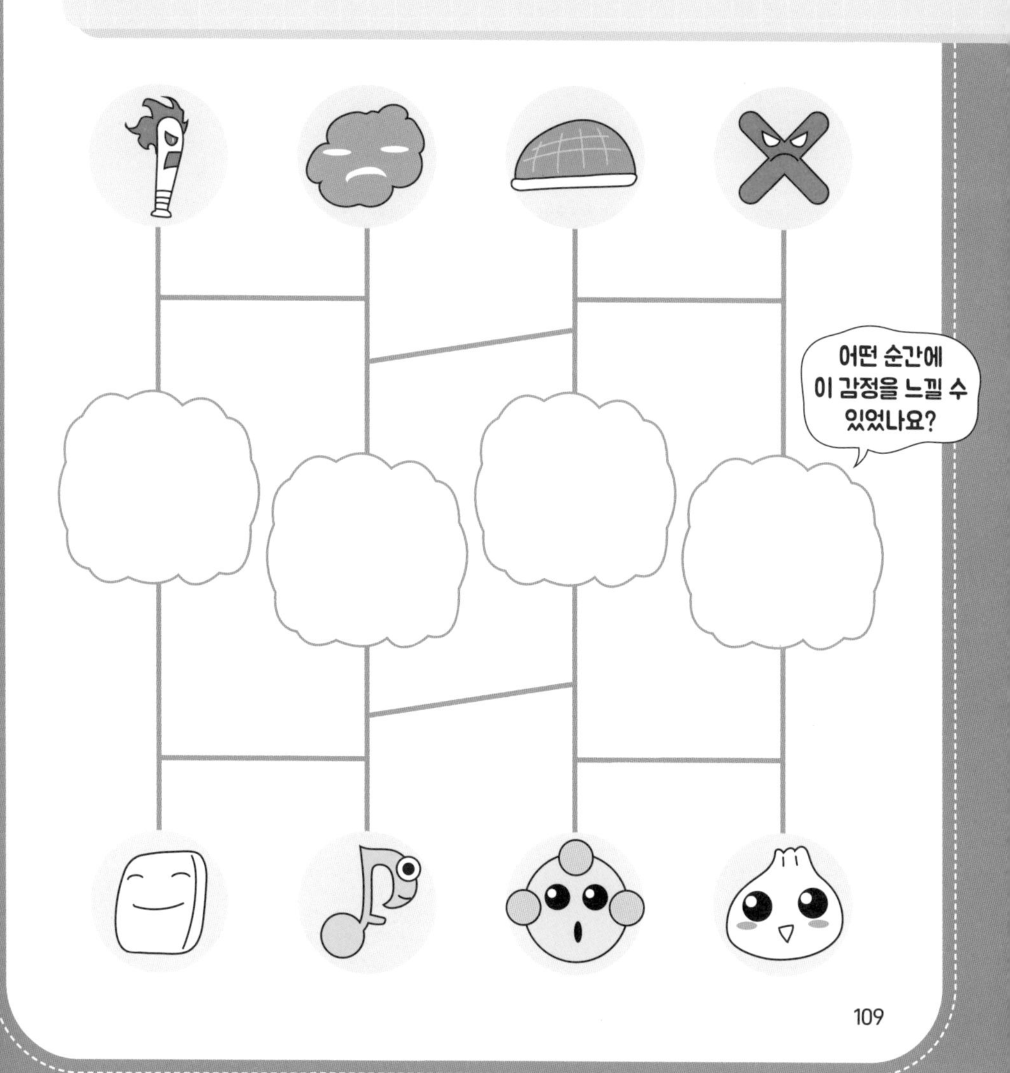

17

산책을 하자

천천히 걷는 산책은 우리 감정을 편안하게 만들어요. 부정적인 감정뿐 아니라 좋은 감정이 넘쳐 흥분된 자신의 감정을 감당하지 못할 때도 마음을 가라앉혀 주지요. 걸을 때는 머릿속에서 생각을 비우고, 주변의 소리와 눈으로 보이는 다양한 풍경들에 오감을 열어 보세요. 긴장되었던 감각들이 편안해질 거예요.

어디, 어디야?
공룡 어딨어?
두리번
두리번

빨리 가 보자~.
저쪽에 있어!
GO
GO

와~, 하늘도
높고 예쁘다.
감탄

아까는 정말
우울했는데.

이렇게 나오니까
기분이 좋아지는걸.

불러 줘서 고마….
아? 다 어디 갔어?
깜짝
사라졌다!

궁금아,
빨리 와!
휙

기다려!
같이 가~.
다다다

두둥

와, 엄청 멋지다!!
무슨 공룡이지?
반짝
반짝
영화에 나왔던 공룡이야!
내가 발견했지!!
탁
상상 속
공룡인가 봐.
신기하다.

찰칵
찰칵
찰칵

바비야, 너는 사진 안 찍어?
하하

난 벌써 많이 찍어 뒀지.

궁금아, 기분은 좀 풀렸어?
긁적
긁적

맑은 하늘과 푸르른 나무.
예쁜 꽃들과 새소리를 들으면서 산책하고
화아아
공룡 조각상까지 봤더니 기분이 좋아졌어.

귀찮고 우울했던 마음이 싹 사라졌어.

그래, 잘됐다.
우리 다음에 또 같이 산책하자~.

신비한 마음 조절 프로젝트

산책하기

천천히 걸으며 산책하는 것은 우리 마음을 편안하고 차분하게 만들어 주는 효과가 있어요. 주변에 산책하기 좋은 공원이나 거리를 부모님이나 친구들과 함께 산책하면서 주변의 풍경을 감상하고 느껴 보세요.

피부에 닿는 따뜻한 햇살의 느낌

시원한 바람의 소리

발바닥에서 느껴지는 땅의 느낌과 감각

거리를 오고 가는 많은 사람들

피부에 느껴지는 시원한 바람의 감촉

가로수의 푸르름

걸으면서 조금씩 달라지는 나의 숨결

거리의 다양한 모습들

공원에서 자라고 있는 다양한 식물

산책하며 느껴지는 향기

산책은 혼자할 수도 있고, 친구나 가족과 함께 할 수도 있어요. 꼭 공원이 아니더라도 천천히 걸으며 생각할 수 있는 곳이라면 어디라도 좋지요. 산책하며 느꼈던 감정들을 정리해 보세요.

산책 장소
함께 한 사람
보았던 풍경들
느꼈던 감정
산책을 하며 어떤 감정을 느꼈나요?
반짝

18

어떻게를 생각하자

어떤 일이 일어났을 때, 우리는 '왜'라는 원인에 집중하게 되는 경우가 많아요. 보통 나쁜 일에서 이런 질문을 하다 보니 부정적인 감정에 빠지기 쉽지요. 그래서 '왜'라는 원인보다 '어떻게'라는 해결 방법에 집중하는 것이 문제를 해결하고 긍정적인 감정을 갖게 하는 좋은 질문이에요.

으악! 바비야,
너 왜 그래?
깜짝

응? 나?
내가 왜?
후덜덜

네 얼굴이 게임에
나오는 몬스터 같아.
무슨 일 있었어?
그어어
그어어

나…
공모전에서
떨어졌어.
재능이 없나 봐.
털썩

어쩌지?
많이 속상한 것
같은데.
이렇게
해 보자.
속닥
속닥

저기, 바비야.
우리한테 네가 그린
만화 보여 줄 수 있어?
쓰윽

공모전에서
떨어진 재미없는
만화를 왜?
왜?

어떻게 하면
더 재밌어질지
같이 생각해
보려고.

진짜?
나 도와주는 거야?
울먹
울먹

물론이지!
우리가 같이 하면
더 재밌어질 거야.
아자! 아자!

고마워, 계속
왜 떨어졌는지만
생각하다 보니까
너무 우울했거든.
맞아, 그래서 계속
'왜'라는 것만
생각하면 안 돼.
음하하
왜 떨어졌지?
왜일까?
푹
부정왕을
강하게 만드니까.
이제 어떻게
해야 할지
같이 고민해 보자.

어떻게 할지
방법을 찾는다니
정신이 번쩍 들어.
와, 다행이다!

그럼
내가 그린 만화
보여 줄게.
짠

여기는 이렇게….
이 장면은 주인공이….
속닥
속닥
속닥

우아~, 다 됐다!!
개운

얘들아, 정말 고마워.
'어떻게'를 생각할 수 있게 날 도와줘서.
불끈

그래, 이제 바비 같다.
하하하

긍정왕 바비가 돌아왔어.

좋아! 오늘은 내가 떡볶이 쏜다! 가자!!
탁

좋아!
튀김이랑 순대도!
신난다!

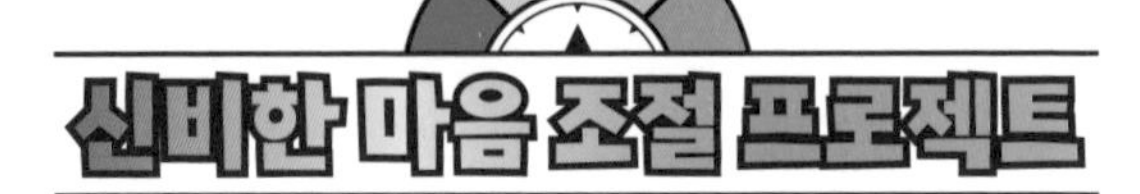

방법 생각하기

요즘 내가 원하던 대로 되지 않아서 속상하고 왜 그랬을지 고민해 본 적이 있나요? 원하던 대로 되지 않았던 일을 적어 보고 다음번에 비슷한 일을 하게 된다면 어떻게 하면 좋을지 그 방법도 함께 생각해 보세요.

★ 마음처럼 되지 않아서 너무 속상했던 일을 적어 보세요.

★ 잘되지 않은 이유는 무엇이었나요?

★ 다음에는 어떻게 하면 좋을까요?

어떻게 하면 좋을까? 아무리 생각해도 방법을 혼자서 찾기 힘들 때는 부모님이나 친구들과 이야기해 보세요. 생각하지 못했던 좋은 방법을 찾을 수 있을 거예요.

★ 친구들 주변에는 어떻게를 함께 고민해 줄 많은 사람들이 있어요. 어떤 사람들이 있는지 찾아 보세요.

★ 원하던 일이 이루어진다면 나는 어떤 감정을 느낄까요?

★ 일을 성공시키기 위해 생각한 방법을 단계별로 그려 보세요.

1 2 3 4

19

천천히 심호흡을 하자

심호흡은 마음을 가라앉히고 마음을 차분하게 만들어 주는 효과가 있어요. 화의 자연적인 지속 시간은 90초 정도로, 화가 났을 때 심호흡을 하며 이 시간을 잘 넘기면 화라는 감정을 잘 조절할 수 있게 돼요. 숨을 크게 들이마시고 내쉬는 호흡에 집중하며 마음을 차분하게 해 봐요.

슬라임의 대모험

세계를 구하기 위한 작은 슬라임의 대모험을 함께 하세요.

ID:라임이 좋아요

하하~, 슬라임 정말 귀업네요! 세계를 구하는 슬라임, 파이팅

ID:노잼이 노잼이

와, 완전 노잼! 이런 건 왜 그리는 거지?

먼저 편안한
자세를 하고
눈을 감은 다음에
천천히 깊게
숨을 들이마시고.
쓰
으
읍
숨을 잠시
멈췄다가.
텁
천천히
내쉬고.
후우우
후
하
후
하
몇 번 더
반복하면서
호흡에 집중.
후
하
후우~,
이제 좀 진정이
되는 것 같아.
지난번 친구들과
열심히 수정한 내용이라
더 화가 났던 것 같아.
속닥
속닥
속닥
이제 마음이
편안해졌니?
아주 잘했어요.
GOOD!!
척

마음이
좀 차분해졌으니
이제 다시
어떻게 할지
생각해 보자.
아자

다음 날

쓰으읍… 후우.
쓰으읍… 후우.
후 하

바비는 지금
뭘 하는 거야?
글쎄?
잘 모르겠어.
속닥
속닥

지금 심호흡을
하고 있어.
마음을
조절하는
방법이야.

심호흡?
마음 조절?
갸웃
갸웃

둘이 상관이
있어?
궁금
궁금

천천히 심호흡하면
머리도 맑아지고
마음도 편안해져.

어제 악플 때문에
화가 많이 났었거든.
심호흡이 도움이 돼서
계속 연습 중이야.

그럼 우리도 같이 해 보자!
팟
좋아. 내가 알려 줄게, 따라해 봐!
탁
쓰으읍… 후우. 쓰으읍… 후우.
후하
후하

어때? 마음이 좀 편안해졌어?
궁금
궁금
휙

이….

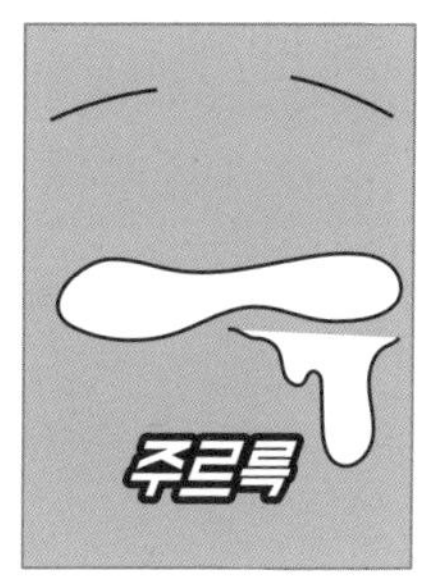
주르륵

꾸벅
꾸벅
꾸벅

너무 편안해졌나? 모두 졸고 있잖아.
칫

478 호흡법

화가 날 때 눈을 감고 천천히 심호흡하는 행동만으로 우리는 화를 멈추고 새로운 기분으로 감정을 바꿀 수 있어요. 앤드류 웨일 박사의 478 호흡법을 바비와 함께 연습해 봐요. 속으로 숫자를 세면서 호흡에 집중하면 스트레스를 완화하고 마음을 안정시키는 데 도움이 될 거예요.

4

4초간 숨을 들이마신 후

1 2 3 4

7

7초간 숨을 멈췄다가

1 2 3 4 5 6 7

8

8초간 입으로 천천히 숨을 내뱉어요.

1 2 3 4 5 6 7 8

정해진 시간을
지키기 힘들다면
본인에게 맞게
시간을 조절해요.
흡~
하~

심호흡은 꼭 화가 날 때가 아니더라도 평소에 마음을 안정시키는 명상처럼 이용해도 좋아요. 일부러 시간을 낼 필요 없이 틈틈이 혹은 자기 전에 연습해 보세요. 다양한 상황에서 천천히 심호흡을 하며 호흡에 집중해 보세요.

20

청소를 하자

뇌과학적인 관점에서 어지러운 방은 뇌를 피곤하게 만들어 휴식을 취하지 못하게 하고 집중력을 떨어트린다고 해요. 그래서 청소와 정리 정돈을 통해 뇌를 깨우고 의식을 맑게 하여 통제감을 높이려 노력해야 하지요. 이 통제감은 어떤 일을 겪더라도 나는 해낼 수 있다는 믿음을 준답니다.

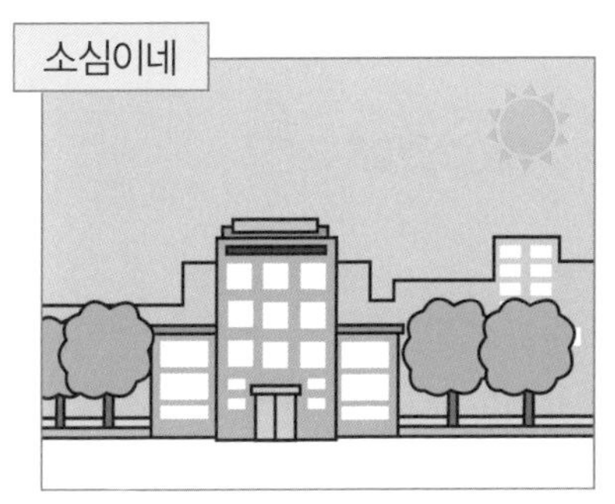
소심이네

깜짝
이게 뭐야?
깜짝

저번보다
더 더럽잖아!
두둥
너, 여기서
공룡책을 찾을 순
있겠어?
훗
당연하지!
딱 기다려!!
흥

어? 분명히
여기 어디에
두었었는데….
어디 있지?
뒤적
뒤적
뒤적

30분 후

하하하!!
못 찾겠다!!
당당

어이없음
너….
헐~.
와, 이건
아니지.

찾을 수 있다며?
장난하냐?
평소에 청소
좀 하라니까!!
화르르륵

에이~,
이 정도면
깨끗하지.
나중에 할게.
으쓱

너, 맨날 귀찮다,
나중에 한다
그렇게 말하잖아.
그거 안 좋은
버릇이야.
약

그리고 방이
어지러우면
내 마음도
어지러워져.

내가 지내는 곳을
깨끗하게 하는 건
나를 위하는 것과 같아.
진짜!
그만큼 청소는
중요하다고!

그… 그런가?
당황

아침에 일어나면 침대부터 정리해야 해!
그러다 보면 잠도 깨고 기분도 상쾌해지지.
외출 후 돌아왔을 때 깨끗한 방이라서 또 기분이 좋고.
내가 정리한 방이라서 성취감도 생기지.
정리
정돈

청소의 중요성
저번에 선생님께서 청소의 중요성을 알려 주셨는데.

너, 다 까먹었지?
휴~
아… 아니야. 기억해.
당황

앗!! 운동이 발밑에 새 공룡책이!!!
영화 속 환상의 공룡 50선
두둥

우리 이거 빨리 보자. 청소는 나중에 하고.
하하

신비한 마음 조절 프로젝트

주변을 깨끗하게

조던 피터슨이라는 유명한 심리학자이자 전 하버드대 교수는 청소가 정말 중요한 일이라고 강조하고 있어요. 청소는 매일 반복해야 하는 사소한 일 같지만, 우리 인생을 달라지게 할 수 있는 대단한 일이에요. 내가 있는 공간을 깨끗하게 관리하는 것을 통해서 정신적인 안정과 좋은 습관, 자신감 향상까지도 이루어질 수 있답니다.

청소하기

순서 1 책상과 바닥에 놓인 물건들 정리하기

순서 2 청소기 돌리고 물걸레질하기

순서 3 책상 위, 책장 먼지 닦기

일주일에
1회 이상
청소해요.

분명 여기에
있었는데….
이상하다.
여기였나?
뒤적
뒤적
뒤적

tip

물건을 사용한 후에는 항상 같은 자리에 정리해요. 습관이 되면 어지럽던 책상 위가 깨끗해질 거예요. 습관이 되기 전까지는 청소 요일을 정해 청소해요.

물건마다 자리를 정해 어디에 놓을지 적어 보세요. 자리가 정해져 있어야 물건이 섞이지 않아 사용할 때도 정리할 때도 편리해요.

★ 내 방이라고 생각하고 어질러진 물건을 어디에 놓으면 좋을지 생각해 봐요.

★ 방이 깨끗하게 정리되었어요. 기분이 어떤가요?

21

감사일기를 쓰자

감사하는 마음은 긍정적인 감정을 갖게 하는 강력한 힘을 가졌어요. 주변의 작고 일상적인 것들, 당연하게 여기며 지나쳤던 것들에 대해 감사일기를 써 보세요. 평소 느끼지 못했던 일상 속 작은 행복과 고마움을 느끼게 될 거예요. 처음에는 마음으로 느껴지지 않을 수도 있지만, 꾸준하게 쓰다 보면 작은 일에도 감사하는 긍정적인 나를 보게 될 거예요.

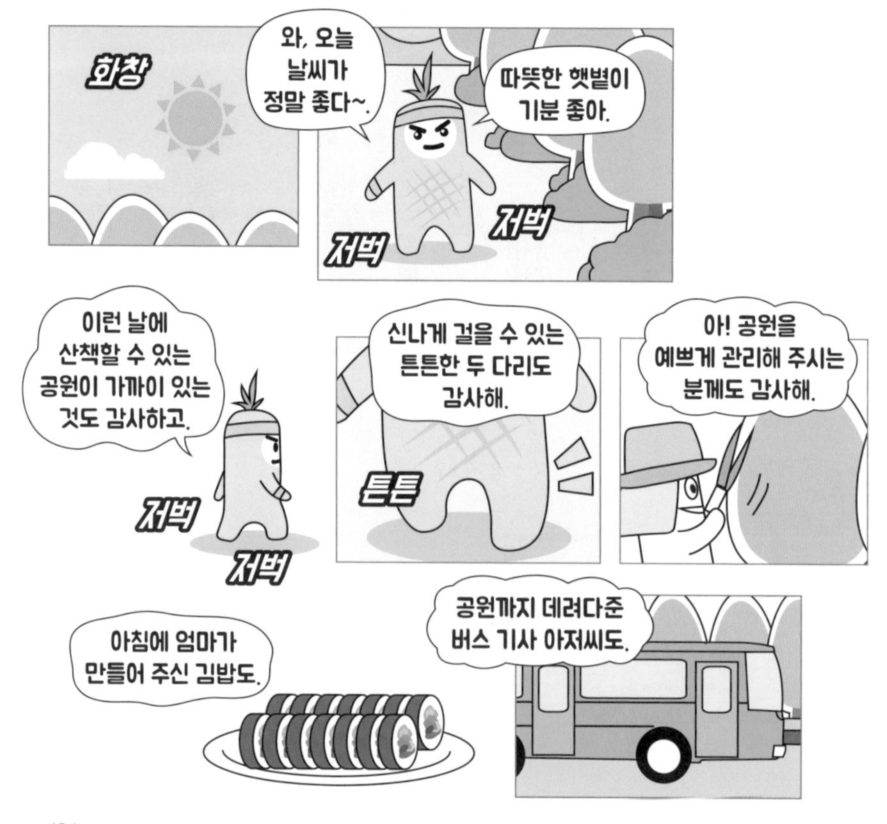

이렇게
생각하니까
감사한 일이
참 많구나.
파앗
정말 신기해.
감사한 일을 생각하니까
마음도 따뜻해지고
더 밝아지는 것 같아.
이 기분을 친구들과도
나눠 봐야겠다.

다음 날
파란초등학교
와, 진짜!
감사하는 게
그렇게 좋다고?
깜짝
어, 정말
좋았어.
빙그레

감사는
정말 큰 힘을
가졌어요.
감사는 마음을 밝고
긍정적으로 만들어 주고
힘든 일도 이겨낼
힘을 주거든요.
전에 이런 얘기를
들은 것 같아.

감사일기
그리고 감사일기를 쓰는 것을 추천해 주셨지. 우리 같이 써 보자!

감사일기 재밌겠다!
하루에 5개 정도 감사한 일을 찾아서 적는 거지?
같이 하면 더 재밌겠네.

그러면 우리 연습 삼아서 지금 감사한 것들을 하나씩 말해 볼까?
척

나는 찬성!
번쩍
나도!
번쩍

좋아, 그럼 나부터 말해 볼게.

나는 이런 이야기를 함께 할 수 있는 친구들이 있다는 것에 감사해.
헤~, 쑥스럽네.

나는 오늘 내가 좋아하는 반찬을 해 주신 엄마께 감사해.
달걀 프라이

오~,
맛있었겠다!!
나는 이번에
나튜브에서
멋진 우주 영상을
봤거든.
감동
감동

그 영상을 만들어 준
분에게 감사해!
과학 나튜버
아인슈르타인
구독자 10.3만명
영상 102개
재밌었겠다.
나중에 나도
보여 줘~.
이제 내
차례인가?
내가 올린 웹툰에
칭찬 댓글 달아 준 사람들.
너무 감사해!!
세계를 구하기 위한 작은 슬라임의
대모험을 함께 하세요.
ID:힘내라
완전 재밌어요!!
ID:최고 최고
와~, 어떻게 이렇게
재밌게 그릴 수 있는 거죠? 최고!
짠
오~,
기분 좋았겠다.
멋지다!!
그거 우리가
한 건데
모른 척해야지.

신비한 마음 조절 프로젝트

감사일기 쓰기

감사하는 습관은 우리 마음속의 긍정왕을 더 강하게 만들어요. 힘든 일이 있을 때는 더 빠르게 헤쳐나와 극복할 수 있게 도와주기도 해요. 당연하게 생각했던 사소한 일들이 얼마나 소중하고 감사한 일들인지 되새겨 보세요.

감사일기 쓰기 규칙

- 매일 꾸준히
- 구체적으로 솔직하게
- 긍정적인 언어로
- 자신의 생각과 감정도 함께

★ 평소 감사하지만 표현하지 못했던 사람과 이유를 적어 보세요.

★ 일상에서 당연하게 생각했던 감사한 것과 이유를 적어 보세요.

감사하는 마음에는 크고 작은 것이 없답니다.

오늘 하루를 지내며 감사했던 세 가지 일을 찾아 적어 보세요.
어떤 일이라도 자신이 감사하게 느꼈다면 쓸 수 있어요.

월 일

감사한 일 1

감사한 일 2

감사한 일 3

월 일

감사한 일 1

감사한 일 2

감사한 일 3

월 일

감사한 일 1

감사한 일 2

감사한 일 3

22

크게 웃어 보자

'웃으면 복이 온다.'는 말이 있어요. 우리 뇌는 진실과 거짓을 구분하지 못하기 때문에 레몬을 생각하는 것만으로도 입안에 침이 고이기도 하고, 실제로 즐거운 일이 없더라도 크게 웃다 보면 뇌는 뭔가 즐거운 일이 있다고 인식하여 실제 즐거운 감정을 느끼게 된다고 해요. 우리 함께 크게 웃어 봐요.

내가 하고 있었잖아!
하하하하!!
하하

뭐? 크게 웃는 거?
그게 다야?
실망
별로 효과
없을 것 같은데.
긁적
긁적

아니야!
너희들도 해 봐.
우리 딱
1분만 같이
웃어 보자.
파앗

하하하하하하.
하하하하하하.

하하하하하!!
웃다 보니 왠지
신나는 것 같아!
와아~

하하하하하.
진짜 그런 것 같아.

하하하하하하.
하하

어때?
괜찮지?
반짝
반짝

안 믿겼는데, 해 보니까
괜찮은 것 같아.
오~
그치,
괜찮지!

신기하게 기분이
좋아지더라고.
둠칫
하하하
둠칫

소미한테도
웃어 보라고 했더니
기분이 좋아졌대.

한번 웃어 보는
대신 나중에
얼굴 빌려주기로
했지만….
추욱

하하하하!!
이럴 때도 웃으면
힘이 난다고!!
하하

오! 나도 달리면서
웃어 봐야겠다.
재밌겠는데.

그냥 달려도
기분 좋아지는데,
웃으면 더 기분이
좋아질 수도!!
와, 운동아….
달리면서 웃으면
좀 무서울 거 같아.
덜
덜
덜
덜

어?
무섭다고,
왜?
깜짝

내가 본 공포영화 중에
귀신이 웃으면서 쫓아오는
장면이 있었거든.
카하하하하하

와, 생각만 해도
다리가 후들거려.
후들
후들

아, 갑자기
나도 무서워졌어.
덜
덜

무서워?
그럼 우리 같이
웃어 보자!!

하하하하하하!!
하하하하하하!!

신비한 마음 조절 프로젝트

큰 소리로 웃기

우리의 몸과 마음은 연결되어 있어요. 그래서 크게 웃으면 진짜 기분이 좋아져서 좋은 기분으로 바뀌기도 하고, 또 반대로 아무리 기분 좋을 때라도 인상을 찌푸리고 있으면 기분이 나빠지기도 해요. 매일 매일 큰 소리로 웃어 보세요. 웃음소리를 따라 마음도 밝아질 거예요.

1단계
내 감정 알기
힝,
우울하고
속상해.
흑흑

2단계
하하하, 크게 웃기
동작도 크게
움직여 봐.
둠칫
둠칫

3단계
기분 바꾸기
속상했던 마음이
조금은 나아지는 것
같아.
반짝
반짝

처음에는 쑥스럽겠지만, 웃을 때는 가능한 큰 소리를 내며 웃어 보세요. 기분이 좋았던 때를 상상하며 웃으면 더욱 효과가 커진답니다.

크게 웃기 전 마음

크게 웃은 후 마음

23

서로 칭찬하자

'칭찬은 고래도 춤추게 한다.'는 말처럼 칭찬의 효과에 대해서는 잘 알려져 있어요. 다만 칭찬할 때는 결과가 아닌 과정과 노력에 대해서 칭찬하는 것이 좋아요. 칭찬을 통해 누군가에게 인정받으면 자신을 인정해 준 상대에게 호감을 느끼게 되어 서로의 관계도 좋아지지요. 또한, 누군가를 칭찬하는 것만으로도 내 마음이 밝아지는 효과도 있답니다.

맞아, 내가 좀 긍정적이고 밝은 편이지.
으쓱
으쓱
그럼 이제 내 차례네.
곰곰
바비는 관찰력이 좋은 것 같아.
궁금이는 친구들을 잘 도와주려는 마음씨가 너무 예뻐.
맞아, 바비는 관찰력이 좋은 것 같아.
저번에 폭포 얘기할 때도 느꼈어.
헤헤, 큰일도 아닌데 쑥스럽다.
끄덕
끄덕
그럼 이번엔 내 차례인가?
짠
바비는 잘못했을 때 먼저 사과할 줄 아는 모습이 용기 있고.
척
소심이는 투덜대면서도 동생을 챙기는 마음이 따뜻한 것 같아.
서로 칭찬하니까 정말 기분이 좋아진다.
칭찬 좋아!
하하하
하하하

그럼 이제 내 차례네.
나도 칭찬을 해 볼게.
아자
소심이는 같이 있으면 주변 분위기를 밝게 만들어서 좋아.
바비는 작은 것까지 기억하고 잘 챙겨 줘서 좋고.
궁금이는 항상 새로운 걸 잘 찾아내서 알려 주지.
휙
헤헤, 내 기억력이 좀 좋지.
에헴
칭찬은 고래도 춤추게 한다더니 맞는 것 같아.
덩실
덩실
정말!
오
서로를 칭찬하면서 서로에 대해 좀 더 잘 알 수 있고.
사이도 더 좋아지는 것 같아.
신기
신기
우리 그럼 매일 서로 칭찬해 주기로 할까?
팟

이제 매일 칭찬받네.
기분 좋아~.
그거 좋다!
나도 좋아.

좋아,
그럼 이제 매일
서로 칭찬하기!
약속

만약 안 하면
나랑 같이
운동하기다!
으쌰

헉!!

누가 가장 먼저
나랑 운동하게
될까?
후후

잊지 말자,
칭찬!!
아찔

칭찬하기

칭찬은 좋은 결과를 얻어야 할 수 있다고 생각하는 친구들이 많아요. 하지만 1등을 하지 못했다고 해서 그 사람의 노력이 부족했다는 말은 아니에요. 그래서 칭찬을 할 때는 결과가 아닌 과정에서 찾아야 한답니다.

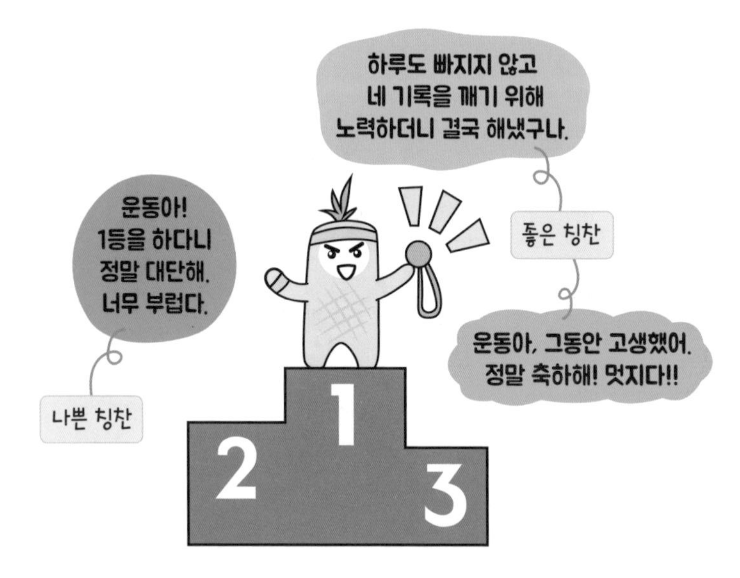

★ 나는 운동이에게 어떤 칭찬을 보내고 싶은가요?

나 자신, 가족, 친구를 칭찬해 보세요. 앞에서 말했던 것처럼 칭찬을 할 때는 결과에 대한 칭찬보다는 목표를 이루기 위해 했던 노력과 과정에 대한 부분을 칭찬하는 게 좋아요.

24

나에게 선물을 주자

좋은 습관은 우리 마음을 밝게 만들어요. 하지만 좋은 습관을 들이기는 무척 어렵지요. 그래서 좋은 습관을 들이기 위해서는 작은 목표를 세우고 매일 매일 실천하며 그것을 달성했을 때 자신에게 선물을 주는 것도 좋은 방법이 될 수 있어요. 이 방법을 통해 끈기와 성취감 그리고 하루하루 성장하는 자신을 볼 수 있게 될 거예요.

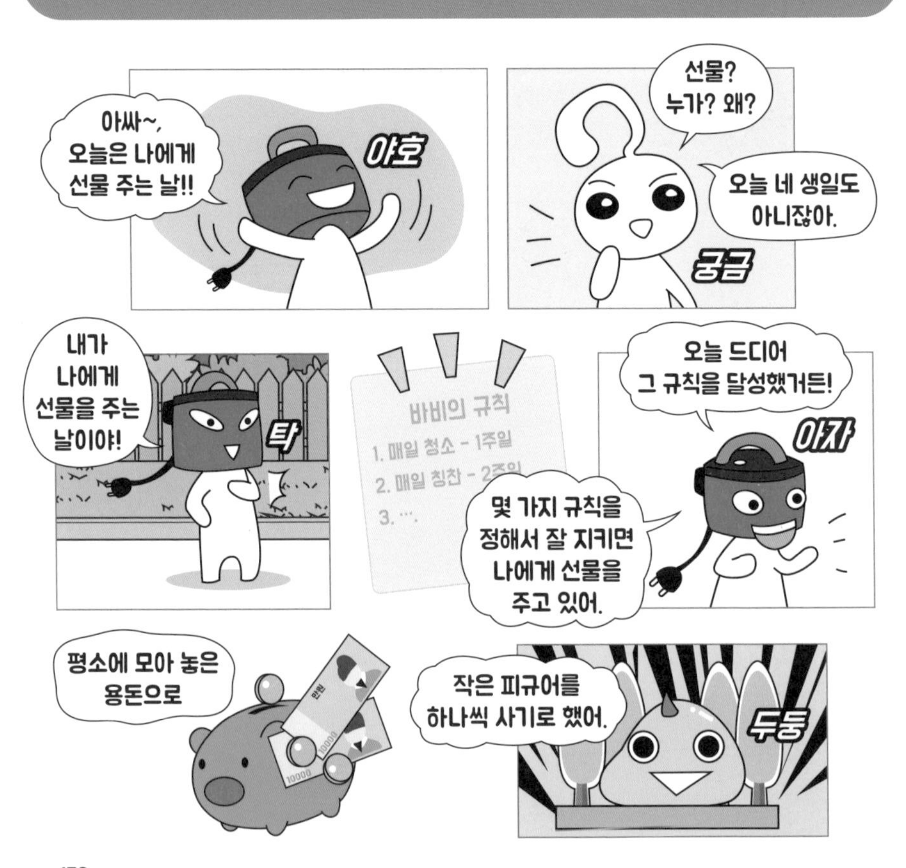

엄마께
허락도 받았지.

이따가 달마트
같이 가자!
달 MART

그래,
같이 가자~.
휙
근데 이왕 하는 거면
좀 더 크고 비싼 선물을
고르는 게 좋지 않아?

너무 큰 선물은
선물이 목적이 되더라고.
빠밤
좋은 습관이
아니라.

선물은 규칙을
잘 지켜낸 나에게
주는 보상이지
목적이 아니니까.

살짝 기분 좋은
정도의 선물이
가장 좋아.

난 일주일간
매일 청소하는 목표를
세웠는데.
위잉
위잉

중간에 자꾸
빼먹는 바람에
한 달이나 걸렸어.
흑흑

나도 한번 해 봐야겠는데, 규칙을 뭐로 하지?
궁금이의 규칙
1.
2.
3.
곰곰
쉽고 꾸준히 할 수 있는 게 좋아.
일주일간 매일 다른 사람 칭찬하기, 어때?
칭찬? 나는 칭찬 많이 하는데….
척
네가? 칭찬을? 정말 그렇게 생각해?
우리 저번에 매일 서로 칭찬해 주기로 했잖아.
찌릿!
네가 하자고 했는데, 너 몇 번이나 칭찬했어?
어… 어?
빠샤
음, 하나… 둘….
꼼지락
꼼지락
생각났다! 5번 정도 한 것 같아.
번쩍
땡!!
빠직

너는 딱 한 번!
일주일 동안
딱 한 번 했다고!
그…,
그랬나?
크아앙
소심이랑 운동이는
약속했던 대로
매일 칭찬했는데!
윽!
푹
칭찬을 많이
한 줄 알았는데,
아니었구나.
흑
궁금이의 규칙
1. 매일 친구들 칭찬하기
2.
3.
그래, 그러니까
칭찬을 매일 하는 걸
규칙으로 정하자.
선물은 같이 좀 더
고민해 보고.
끄덕
끄덕
좋아, 이번엔 꼭!
매일 칭찬하겠어!
아자
아자
내일부터 나는
칭찬왕이다!
좋아! 내가
옆에서 지켜본다!
이번엔 꼭
성공하자고!

신비한 마음 조절 프로젝트

좋은 습관 들이기

원하는 규칙을 정하고 하루하루 그것을 지키는 것은 내 마음에 성취감과 끈기, 할 수 있다는 자신감을 심어줄 수 있어요. 더불어 꾸준하게 실천하는 것으로 좋은 습관을 만드는 데 도움이 되고 이렇게 만든 좋은 습관은 어른이 되어서도 큰 도움이 되지요.

★ 자신이 바꾸고 싶거나 들이고 싶은 좋은 습관을 찾아 규칙을 정하고 실천해 보세요.

선물이 목적이 되면 선물만 받고 규칙을 다시 안 지키게 될 수 있어요. 그러니 선물은 작고 사소한 것으로 정하고 부모님과 함께 고민해 보세요.

★ 규칙을 잘 지켰을 때 나에게 주고 싶은 선물 목록을 적어 보세요.

꼭 물건이 아니라
좋아하는 게임 30분 하기,
자전거 타기 등도
좋은 선물이에요.
아자
아자

★ 달성한 규칙이 있나요? 규칙을 달성했을 때 느낌이 어땠는지 적어 보세요.

25

행복은 무엇일까?

지금까지 마음을 다스리고 긍정적인 감정을 갖기 위한 다양한 방법을 생각해 봤어요. 이는 최종적으로는 행복한 내가 되기 위한 노력들이었어요. 마지막으로 나에게 행복이란 무엇인지를 생각해 보기로 해요.

멋진 그림을 그려서
사람들이 좋아해 주는 거요.
좋아요, 모두가
정답이에요.
누구나 자신만의
행복이 있거든요.
척

감사 일기
Thanks To.
우리는
감사일기도
쓰고,
감사 카드도
주고받았어요.
때로는
싸우기도 하고
누구나
마라톤
무언가를 함께
이루기도 했지요.

이 모든 과정에서
우리는 행복을 느꼈어요.
짠

1등이냐, 2등이냐
결과도 중요하겠지만
1
2
3
결과보다
중요한 건
과정이에요.

과정 하나하나가 모여
행복이라는 나무를
자라게 할 테니까요.
무럭
싸움
감정
실패
경험
무럭
화해
성공
그리고 소중하게
키운 행복이라는 나무를
건강하게 키우기 위해서
지금 여러분
곁에 있는 친구들,
가족들을 소중하게
여겨야 해요.
우리 행복은
함께 나눌 때
더욱 커지거든요.
여러분이 힘들 때
이 사람들이
가장 든든한
힘이 될 거예요.
딩동
댕동
수업 끝!
오늘 선생님 말씀을
듣고 나니까
우리가 함께 있다는 게
너무 감사하고 행복해.
맞아.
앞으로도 우리
친하게 지내자.
하하

나도 너희들에게
먼저 다가가길
잘했다고 생각했어.
응응
지금은
친하지만
그때 네 첫인상은
좀 무서웠어.
헤
이렇게 같이 있어서
즐거운 것도
행복인 것 같아.
짠
같이 있어서 좋고,
작은 일에도
감사할 줄 알면
행복할 수
있다는 것도
알았지.
우리 마음은
참 신비로운 것 같아.
행복도 불행도
마음먹기에 따라
다르잖아.
반짝
반짝
맞아, 우리
건강한 마음으로
행복하자.
하하하
우리 같이
노력하자!!

신비한 마음 조절 프로젝트

행복이란 무엇일까?

지금까지 마음에 대한 다양한 이야기를 나누어 보았어요. 우리는 마음속에 부정적인 마음을 조절해 긍정적인 마음으로 채울 수 있게 되었어요. 마지막으로 나에게 행복이란 무엇인지 생각해 보세요.

내가 하고 싶은 걸 하는 것

좋아하는 친구들과 노는 것

행복이란?

건강하게 운동하는 것

멋진 그림을 그려
사람들이 좋아해 주는 것

나에게 행복이란?

나를 행복하게 하는 것들에 대해 좀 더 구체적으로 생각해 보세요. 나를 행복하게 하는 사람은 누구고, 어떤 일을 하면 행복한지? 나의 행복을 찾아 여행을 떠나요.

나를 행복하게 하는 사람은?

나를 행복하게 하는 일은?

나를 행복하게 하는 것은?

(물건, 음식 등)

내가 가장 행복했던 순간은?

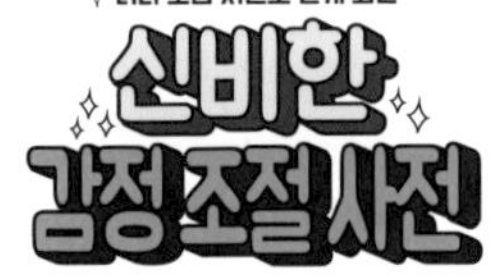

초판 발행 2024년 10월 30일
초판 인쇄 2024년 10월 23일

글·그림 김지호

펴낸이 정태선
펴낸곳 파란정원
출판등록 제395-2010-000070호
주소 서울특별시 은평구 가좌로 175, 5층
전화 02-6925-1628 | **팩스** 02-723-1629
제조국 대한민국 | **사용연령** 8세 이상 어린이
홈페이지 www.bluegarden.kr | **전자우편** eatingbooks@naver.com
종이 다올페이퍼 | **인쇄** 조일문화인쇄사 | **제본** 경문제책사

ISBN 979-11-5868-289-7 73190